AF294179

# Isaac patraque

## *Le grimoire des trois pépères*

Marc Bajard – Thierry Lorber – Philippe Kuhn

# Le petit défi de l'année

*Marc, le 23 décembre 2018*
*Message adressé à Philippe et Thierry*

Bon les gars, vous savez comment c'est, on picole un peu et on lance des idées en l'air.

L'autre soir, j'ai évoqué avec chacun d'entre vous, mon envie d'écrire un bouquin à plusieurs. Le cahier des charges est simple. L'un d'entre nous soumet un texte aux autres qui réagissent comme ils en ont envie en proposant un autre texte qui répond au premier.

Moi j'essaie de faire sincère sur le fond et léger sur la forme. Mais il n'y a qu'une seule règle, c'est qu'il n'y a pas de règle !

Nous verrons bien ce que ça donnera.

Et quand j'écris cela, j'ai intégré l'éventualité de devoir me mettre sur l'oreille ce premier texte que je vous transmets en pièce jointe. Si c'est le cas, je le fumerai plus tard ...

@+

## Arthrose mentale

*Marc, le 22 décembre 2018*

Quand j'étais enfant, les vieux avaient 60 ans. Et puis j'ai grandi et les vieux ont vieilli. Ils ont eu 65 ans, 70 ans puis, 75 ans.

Il y a quelques mois, j'ai été convié à l'anniversaire de mon oncle qui fêtait ses 80 printemps. Je l'ai trouvé très en forme. Pas de la façon dont on le disait autrefois à nos vieux. Non, vraiment très en forme. Agile sur le plan physique et agile sur le plan intellectuel.

Et pourtant ...

Dans quelques semaines j'aurai 53 ans et je me sens vieillir. J'écris cela sans émotion. Cela ne m'angoisse pas et cela ne me réjouis pas non plus. J'ai repris le squash en début d'année et je viens de changer d'emploi. Je vis dans ce monde et je continue à m'adapter sans trop de difficultés.

Je m'adapte mais je vieillis.

Comment m'en suis-je aperçu ?

Très simplement. Je vieillis, parce que je sais que le monde a changé. Il n'y a pas vraiment d'avant et pas vraiment d'après, mais il a changé.

Je n'évoque pas ici les changements technologiques mais plutôt un glissement des valeurs et des équilibres qui régissent mon univers. Une perturbation dans la Force, dirait maître Yoda.

Comment illustrer cela ?

Aujourd'hui, chacun peut s'exprimer à chaud sur Twitter au gré de ses diarrhées intellectuelles. Cela n'existait pas autrefois, mais bon ...

Quelqu'un a déplacé le comptoir du bistrot, la cour de l'école et la machine à café sur la place du village. Un aménagement géographique en quelque sorte, mais rien de bien nouveau.

Ce qui diffère en revanche, c'est que le président des Etats-Unis participe aux réjouissances laxatives. Chaque jour, il pérore, dit et se dédit, insulte, ment ou humilie publiquement ses homologues, ses subordonnés et même des citoyens lambda. Et le plus étonnant dans tout cela, c'est que cette attitude plaît ! Les américains rééliront le bonhomme, c'est sûr !

Le monde a changé.

Je vais avoir 53 ans et j'ai vieilli.

# Long à la détente

*Philippe, le 11 juin 2019*

Mon père est né en 1938, juste avant cette période d'Holocauste qui sculpte encore le monde d'aujourd'hui. L'Europe en est sortie et en reste toute imprégnée. « Plus jamais ça ! » était devenu le credo. Pour la deuxième fois, en quelques décennies ... depuis peu, certains remplacent ce cri par un « non, pas ça ! », nettement moins convaincu que l'événement, ou d'autres, peut-être pires, n'arriveront plus ...

Il a décidé, pour fêter dignement ces 80 ans, d'emmener toute sa smala au soleil pour noël. Enfants, petits-enfants, « pièces rapportées », comme on dit chez nous, ça fait une joyeuse petite troupe de 15 personnes qui embarquent pour un hôtel le long d'une plage du sud quelconque.

All inclusive. Tout est inclus. Ça pourrait aussi se traduire par « Tout est à l'intérieur ». Sous-entendu, pas besoin de sortir du complexe hôtelier, pas besoin de se frotter aux gens qui vivent là, voir où ils habitent, comment ils se nourrissent, quel est leur histoire, quels sont leurs rites, leurs croyances, ...

Oh il y a bien les innombrables employés de l'hôtel qui laissent quelques indices ... Ceux-ci nous « disent » surtout leur servilité - dressage oblige, la compétition faisant le reste - et, incongruité pour un européen, les femmes sont inexistantes ... ou alors on peut apercevoir parfois une ombre féminine furtive qui ira plus tard faire discrètement le ménage dans ta chambre. Mais les interlocuteurs, réception, service, accueil, animations, « excursions » pour les plus aventuriers d'entre nous, seront des hommes.

Notre famille, tout comme notre génération, est donc le parfait modèle type de plusieurs milliers d'années d'évolution humaine, cet animal bigrement social, au départ comme les autres, et qui s'est en premier intéressé à la technologie, aux rites de groupe, à la parole.

Tout le reste a suivi. Ecriture, agriculture, religions, sédentarité, cités, politiques, guerres, lois, organisations de plus en plus virtuelles, de plus en plus complexes.

Le monde « non humain », lui, est resté à la ramasse. Toutes les autres espèces d'animaux et végétaux se sont contentés d'observer ce phénomène qui se déroulait à côté d'eux ... et très vite ont commencé à sentir, impuissants, qu'ils étaient de trop ... hormis quelques rares « élus » qui ont pu rester parce qu'ils pouvaient servir l'humain en portant ses charges, surveillant son camp, ... et puis surtout nourrir ses populations de plus en plus nombreuses ...

Pour eux ça a été pire que tout. De leurs ancêtres sauvages, il ne reste pas grand-chose ...

Les humains ayant perdu des batailles ou des guerres ou tout simplement inférieurs en nombre, force, ruse ou technique, furent également asservis en masse par les vainqueurs ou les « meilleurs » pendant des millénaires. Au gré des courants idéologiques (un concept de la classe dominante), ceux-là s'appelaient « barbares » un temps, puis devinrent « peuple sans âme » avant d'être rebaptisés « esclaves » ... Cette dernière appellation commençait à dénoncer ce statut peu enviable et finit par devenir la nouvelle idéologie, dominante aujourd'hui : l'esclavage, c'est mal !

Il n'en reste pas moins une « longue traine » d'esclaves dans quasiment toutes les régions du monde ...

Et surtout, une forme soft de l'esclavagisme a vu le jour : un grand nombre d'entre nous passent près de huit heures par jour, tous les jours, à exécuter une tâche qu'ils ne souhaitent pas faire et qui ne fait aucun sens ...

Et notre famille, tout comme notre génération, a connu une apogée supplémentaire après l'exploitation des êtres vivants non humains et humains.

Il y a peu de temps, les avancées scientifiques et technologiques ont permis une nouvelle forme d'exploitation de la nature : celle de ses minerais et des sous-sols. La civilisation du pétrole et de l'extraction à grande échelle. Celle-ci a relégué la traction animale et l'esclavagisme au rang d'anecdote. Et la terre est devenue thermo-industrielle.

Dans un premier temps, ce déploiement de puissance a permis le meilleur et le pire. Le médical et l'armement de destruction massif. Mais depuis récemment, du moins sur les territoires les plus au fait du progrès, les échanges politiques et commerciaux ont remplacé les échanges belliqueux. Et c'est de cette paix toute récente que notre génération est aussi le produit !

Débarrassé partiellement de ses efforts de guerre et d'armement, interconnectées, les sociétés ont encore fait un bond supplémentaire en savoir scientifique et en technologies.

Le monde s'est encore virtualisé davantage et s'est de plus en plus déconnecté du sauvage, repoussé dans quelques parcs ou quelques petits bouts de forêts ... et dans ce monde humain, minéralisé, hormis quelques mouches, moustiques, rats, ... les autres espèces n'ont pas envie de vivre.

Elles abdiquent. Une grande quantité d'entre elles ont déjà définitivement disparu, le rythme d'extinction pour les autres s'accélère.

Notre génération a bénéficié de la fenêtre optimale pour échapper à la fois aux guerres et profiter au maximum des avancées technologiques. Le prix à payer, par-contre n'est pas nul : la facture est en train de sortir de l'imprimante ... en plus de l'extinction massive des non-humains, les dégâts sur la planète sont immenses. Beaucoup sont irréversibles. Et leurs conséquences commencent à peine à poindre. Les écologistes parlent notamment de « monstres climatiques », déjà présents, encore tapis.

C'est désormais une certitude, nous avons hypothéqué l'avenir des générations futures.

Et de plus en plus d'entre nous ressentent un véritable malaise à cet endroit.

En effet, nonobstant nos neurones miroirs, nous pouvons occulter la souffrance animale, même si elle a lieu dans nos villes et dans des camions qui préfèrent maintenant circuler de nuit. Nous pouvons occulter la souffrance de nos frères humains qui mendient dans nos cités parce qu'ils ne sont pas « fichus de se prendre en main ». Nous pouvons encore supporter qu'ils se noient sur nos plages préférées puisque nous ne pouvons « pas accueillir toute la souffrance du monde » (ah bon ! ?), à condition qu'ils soient enlevés le matin. Nous pouvons aussi admettre l'extinction douceâtre de nos propres ancêtres dans des mouroirs, même ceux qui nous ont donné la vie et tout appris, mais refusent dorénavant de partir vite ...

Mais pourrons-nous aussi endurer le regard accusateur de nos gosses, chair de notre chair, pour qui la plupart d'entre nous seraient prêts à sacrifier un cœur, un rein ou nos yeux, quand ils nous diront :

« Et toi, toi aussi tu savais ?  Et qu'as-tu fais ? »

# Thierry et Philippe



*Marc, le 17 juin 2019*

J'ai rencontré Philippe à l'université il y a plus de trente ans. Nous n'avions pas vingt ans.

Le garçon m'était sympathique.

J'aimais sa façon d'aborder les gens. Il avait soif de rencontres et soif de connaissance, ce qui le rendait forcément intéressant. Son incapacité totale à accepter toute vérité non démontrable me plaisait. C'était une forme de perplexité constructive qui fleurait bon la saine impertinence.

Je ne crois pas qu'il ait beaucoup changé aujourd'hui.

---

Thierry est l'ami d'enfance de Philippe.

J'ai fait sa connaissance un peu plus tard mais ça ne date pas d'hier non plus.

Il parlait fort, plaisantait en toutes circonstances et pratiquait avec brio l'art de la trivialité. C'était je crois, sa façon de se protéger des cons. Devant ceux-là, il ne baissait jamais la garde. Jamais il ne leur offrait une once d'empathie. Aux autres, il finissait toujours par dévoiler une vraie finesse et un cœur énorme.

Thierry n'est probablement plus tout à fait le garçon qu'il était il y a trente ans. Il a depuis acquis une conscience sociale qui lui a fait perdre un peu de son optimisme et de sa jovialité. Mais il n'a pas renoncé à conserver la garde haute devant ceux qui usent et abusent de leur position.

---

Philippe, tu es « *long à la détente* », certes ; mais après tout, nous ne sommes pas aux pièces.

Je retrouve beaucoup de ce que je connais de toi dans ce premier texte.

- Une curiosité sincère à l'égard de tes semblables
- Une aversion profonde des situations de domination et de soumission
- Un réel scepticisme quant au monde du travail
- Une propension à mettre systématiquement au centre du jeu ce qui est caché sous le tapis

Sans doute trouve-t-on dans cet écrit, une grande part de ce qui motive ton investissement dans les différents projets dans lesquels tu t'impliques. De ceux-là, tu ne parles pas ici, mais nous aurons probablement l'occasion d'y revenir plus tard dans nos échanges.

Je découvre aussi dans ton exposé, une notion à laquelle tu ne fais pas souvent référence. Peut-être aussi n'ai-je pas eu très envie de l'entendre jusque-là. C'est cette idée qu'il faut agir parce qu'il faut être juste, parce qu'il faut faire le bien, mais aussi parce que des comptes nous seront un jour demandés. Il y a, me semble-t-il, une teneur non négligeable de morale dans le carburant qui alimente tes moteurs. Et je me méfie un peu de cette substance dont la composition me semble parfois suspecte, souvent volatile et naturellement explosive.

Revenons par exemple aux phénomènes de « déconnexion du sauvage », « d'extinction massive des non-humains » ou de « dégâts irréversibles sur la planète » que tu mentionnes.

Au regard de la survie de l'espèce humaine, il est probablement plus que temps que l'on se préoccupe de ces sujets, en effet. Chaque jour, nous sommes un peu plus nombreux à acquérir cette conscience et c'est, au regard des défis qui nous attendent pour éviter le désastre, plutôt une bonne nouvelle. Mais nous en sommes au degré zéro de ce qu'il faudra entreprendre pour faire cesser la destruction. Le choix des combats à mener est donc pléthorique. Les causes défendues et les modes d'actions sont légions.

La tentation de croire à la naissance d'une communauté unie œuvrant pour la sauvegarde de la planète pourrait exister. Pour ma part, je n'y crois guère, car il va rapidement se poser la question du monde que chacun souhaite protéger.

Vous le savez, la région dans laquelle nous habitons tous les trois, peut nous donner à voir, sans trop d'efforts, des paysages d'une grande beauté, capables de nous émouvoir. Ils sont faits de montagnes, de vallées, de forêts, de clairières, de prairies ; de villages et de champs parfois aussi. Ils sont riches de vie et abritent de grandes variétés d'espèces animales et végétales.

Ces territoires, par exemple, font partie du monde que je souhaite protéger. Mais nous rapprochent-ils vraiment de la « vie sauvage » ? La question se pose.

Ces lieux sont façonnés par l'Homme depuis des temps immémoriaux et aucun de nos contemporains n'y a jamais vu de forêt primaire. De nombreuses espèces y ont été introduites, d'autres en ont été chassées. Ici aussi, on élève du bétail et on cultive la terre.

Parmi les activistes engagés pour la défense de la planète se trouvent, sans aucun doute, des personnes qui n'approuvent pas l'interventionnisme humain que nous pratiquons dans ces zones d'exploitation des « ressources » naturelles. La vie que nous y menons ne correspond pas à leurs valeurs.

Nos visions sont radicalement différentes et nos morales antagonistes anéantissent d'emblée toutes les synergies dont nous aurions besoin.

Philippe, Thierry, depuis de nombreuses années je vous observe avec une grande curiosité, mais aussi avec une certaine admiration, vous investir dans différentes réflexions, dans différents projets, dans différentes actions, destinés à améliorer concrètement le sort de nos congénères et des générations futures. Je vois l'énergie que vous y mettez, je vois les forces contraires auxquelles vous vous confrontez. Je vois vos efforts pour convaincre, expliquer, motiver, stimuler, bâtir, inventer ; pour combattre aussi quelquefois.

Mais je m'interroge.

Pourquoi est-il plus facile de persuader une personne d'investir un an de salaire dans un véhicule qui pollue et dont elle n'a pas vraiment besoin, que de consacrer un euro à une action au service de sa communauté ?

Pourquoi est-il plus facile de faire ingurgiter des milliers d'heures de publicité à un individu que de le faire investir une heure de son temps dans l'échange ou le partage ?

Pourquoi est-il plus facile de lui faire lire la presse à scandale que de le faire assister à un spectacle qui lui procurera du plaisir tout en l'enrichissant de nouvelles émotions et de nouveaux savoirs ?

Et pourquoi est-il si difficile de mobiliser les gens dans des actions qui relèvent de toute évidence de l'intérêt commun ?

Ce qui est certain, c'est que les vendeurs de voitures, les publicitaires ou les éditeurs de la presse à scandale ne basent pas leur communication sur la mise en avant de leur corpus moral. Et, même si nous ne pouvons pas considérer qu'ils savent provoquer notre consensus, ils sont bien souvent capables de nous faire tous aller dans le sens qu'ils ont choisi.

Ces gens ne s'adressent qu'à des couches primitives de notre cerveau et prennent bien soin de ne jamais solliciter notre cortex cérébral qui est le siège principal de notre intelligence.

N'avez-vous jamais été tentés d'utiliser leurs recettes ?

# Isaac, patraque

*Philippe, le 3 août 2019*

*Atelier d'écriture de poésie sous un pommier au Camp Climat à Kingersheim ...*

*... ou voilà où ça peut te conduire quand tu tardes trop à t'inscrire aux trucs qui t'intéressent à priori et qu'ils sont tous bookés.*

« Isaac, patraque, geignait sous son pommier.

Quel est donc cet animal fatal aux goûts funestes pour sa planète !

Pourquoi s'ingénier à détruire toute cette abondance qui le fait pourtant vivre ?

Son intelligence lui permet de préserver, embellir et choyer et il s'évertue à dominer, asservir et saccager.

La baleine et l'éléphant comptent leurs victimes par milliers dans leurs rangs.

Le phoque suffoque, la fourmi fuit, l'ours polaire en perd son flair dans les poubelles de l'hôtel.

Même l'orang-outan observe, médusé, l'arbre de ses ancêtres coupé sous ses pieds.

Du coup, Isaac, du tac au tac, décide de passer à l'attaque.

Il ne laissera plus faire. Ses études, diplômes et soutiens vont infléchir les desseins assassins de ses frères humains.

Il décide de s'engager et d'enrôler, d'expliquer et de convaincre pour qu'enfin nature soit préservée !

Le pommier sans doute déjà lassé par ces énergumènes prend ces jérémiades pour d'autres destins fort peu amènes.

Il vise la tête, lâche son plus beau projectile, le gars frémit, couic ! Dans le mille.

Isaac survit mais sa mésaventure estivale n'aboutira qu'à une théorie de gravitation universelle, somme toute banale. »

# Pierre et Dopamine



À ma gauche, Pierre, culotte rouge, 40 ans, 80 kg, en léger surpoids, adulte et responsable.

À ma droite, Dopamine, pas de culotte, âge inconnu, évanescente et redoutable.

Tous les coups sont permis !


Fight !

Pierre débute prudemment. Il franchit la porte du restaurant et patiente dans l'entrée. Une jeune femme s'approche de lui pour l'accueillir. Bien qu'il fréquente très régulièrement l'établissement, Pierre ne la connaît pas. La nouvelle hôtesse est affable et souriante, tout à fait à son goût.

Dopamine passe à l'attaque.

Les battements de cœur du bonhomme s'intensifient et se font plus fréquents. Pierre est fidèle à sa compagne mais Dopamine lui souffle quand même une petite blagounette à glisser à Jessica dont le prénom est épinglé sur la généreuse poitrine. Mais il en reste là. Bien que Dopamine l'y incite, il ne va pas mettre en péril sa relation avec Julie pour un bref émoustillement déjeunatoire.

Dopamine n'insiste pas, elle y reviendra plus tard. Depuis la nuit des temps, elle suggère aux mâles de séduire les femelles alentour dans le but ultime de s'accoupler avec elles. Elle sait qu'elle a ainsi, largement contribué au succès de l'espèce humaine. Et même si depuis quelques milliers d'années, Cortex lui complique un peu la tâche, elle conserve un taux de réussite tout à fait significatif.


2nd round.

12h02 - Pierre est attablé. Il attend des amis qu'il retrouve chaque jeudi pour déjeuner. Il consulte l'heure sur son téléphone mobile. Puis il jette un œil aux informations du jour. Un ouragan s'est abattu sur la Floride. De nombreux morts sont à déplorer. Au fil de sa lecture, un encart publicitaire apparaît. Ce dernier vante les qualités du dernier 4x4 à la mode. Cela fait plusieurs semaines que cette voiture lui fait de l'œil. Il n'en a pas vraiment l'utilité et il n'a pas les moyens de l'acquérir mais ça ne coûte rien de se renseigner. Il visionne donc la vidéo de présentation du véhicule.

12h03 - Pierre consulte l'heure sur son téléphone mobile.

12h03 - Pierre consulte l'heure sur son téléphone mobile.

12h04 - Pierre consulte l'heure sur son téléphone mobile.

12h05 - Pierre consulte l'heure sur son téléphone mobile.

12h05 - Pierre consulte les informations du jour. L'ouragan a toujours dévasté la Floride et il y a toujours de nombreux morts. Il vérifie quand même sur un autre site pour voir si un coup de vent lui aurait échappé.

12h05 - Pierre consulte l'heure sur son téléphone mobile.

Dopamine jubile !

Elle mène les débats et s'amuse de la passivité de son adversaire. Elle n'a aucun état d'âme. D'ailleurs, si elle n'avait pas incité homo sapiens à glaner toute information qui se présente, ni Pierre, ni aucun de ses contemporains n'aurait jamais vu le jour.

3<sup>ème</sup> round

Les amis de Pierre sont arrivés. Après la seconde tournée, celui-ci se décide à ranger son téléphone. Lorsque Jessica vient solliciter la tablée pour enregistrer sa commande, Pierre n'a plus vraiment faim. Pourtant, comme tous ses amis, il opte pour le menu du jour : entrée, plat et dessert. Ce n'est pas donné mais c'est bien vendu. Et puis la coupe de fraises Melba sur la table voisine n'incite pas à la privation. Pierre a convoqué Endorphine pour la fin du repas mais pour l'instant il n'y a que Dopamine qui s'agite et il n'est pas certain que sa cousine les rejoigne au dessert.

Mais pourquoi un tel festin ? C'est ridicule mon Pierrot. La petite Dope te met une sacrée raclée. Elle a été missionnée pour agiter tes papilles. Ça a sauvé la vie de tes aïeux pendant les périodes de disette mais toi, tu continues à faire du gras mon garçon.


4<sup>ème</sup> round

Le repas est terminé et chacun attend son tour à la caisse pour payer sa part. Dans la file d'attente, Pierre en profite pour régler quelques affaires courantes. A la maison, le frigo est vide et il faut racheter des couches pour la petite. En 30 secondes chrono, Pierre passe sa commande à la grande surface. Il ira retirer ses courses au drive en sortant du travail. Il envoie ensuite un SMS au jardinier pour qu'il passe tondre la pelouse cette semaine. Enfin, il vérifie que sa paie a bien été virée sur son compte bancaire. Mais quel bonheur ! Il y a quelques années, il aurait mis des heures à régler tout cela.

Dopamine sourit.

Sans son concours, Pierrot le malin en serait encore à l'âge de Pierre le barbare. Mais grâce à son entremise, Pierre est une grosse feignasse efficace.


5<sup>ème</sup> round

Claude a payé les boissons pour tout le monde, comme à son habitude. Avant que chacun reparte de son côté, il propose à Pierre de le ramener au travail dans sa nouvelle voiture. C'est justement le modèle de ses rêves. Pierre prend le volant. Il est assis en surplomb et domine les autres véhicules. La sellerie est en cuir, parfaitement adaptée à sa morphologie. Le feu passe au vert. Pierre accélère et laisse sur place une grosse berline allemande qui ne peut manifestement pas suivre la cadence. La sensation est délicieuse. D'autant plus que le véhicule qu'il conduit est électrique et qu'on ne perçoit aucun bruit dans l'habitacle. Claude propose alors à Pierre de lui faire profiter de la sono. Il suggère à son ami d'actionner un bouton sur le volant et d'énoncer le titre qu'il souhaite entendre. Pierre choisit un vieux standard des années 70 et précise le nom de l'interprète. C'est une version peu connue mais instantanément, la pochette du vinyle s'affiche sur l'immense tablette centrale et la musique démarre. On se croirait dans un auditorium. Le ressenti est fantastique. On a, au volant de cette merveille, un sentiment de sécurité, de bien-être et même de pouvoir absolu.

Débute alors une discussion autour du prix de ce petit bijou. Claude a choisi une location avec option d'achat. Et comme il a fait installer l'année dernière, des panneaux solaires pour réchauffer sa piscine, il profite de l'installation et ne consomme presque rien en énergie. Pierre objecte qu'il n'a pas besoin de tout cela ; il utilise les transports en commun toute l'année et son vieux fourgon l'emmènera bien encore quelques années en vacances. Pourtant, arrivé à destination, il est décidé à faire un saut à la concession avec Julie le week-end prochain.

Dopamine est survoltée. Elle est déclarée vainqueur par KO !

La recette est ancienne mais elle est infaillible. C'est celle qui pousse chacun à vouloir être le plus beau, le plus admiré, le plus fort. C'est aussi celle qui a permis aux individus les plus performants de subsister et de se reproduire en priorité. Est-ce que l'être humain serait encore de ce monde sans elle ?

---

Philippe, Thierry, je me remémore certaines des discussions que j'ai eues avec chacun d'entre vous. Vous avez me semble-t-il quelques valeurs communes.

Sur le monde du travail par exemple, vous exprimez l'un et l'autre de sérieuses réserves quant à la notion de salariat, notamment sur le rapport de pouvoir qu'implique la relation salarié-employeur. Vous faites, par ailleurs, tous les deux un constat que je partage avec vous : la plupart des gens vivent l'exercice de leur profession comme un enfer. Je vous ai vu, ensemble, vous donner les moyens de vous exonérer de ces contraintes en pratiquant cette activité de marchands de biens qui vous a garanti une forme d'indépendance.

J'ai eu avec vous de nombreux autres échanges sur des thématiques de la vie en société : sur les méfaits de notre système bancaire et monétaire, sur l'absurdité de notre économie, sur les problématiques de l'habitat, sur les difficultés de l'insertion des individus dans la communauté, sur les faiblesses de notre démocratie.

Et j'en oublie bien sûr.

Mais là où cela devient intéressant avec vous deux, c'est que votre conviction qu'il est possible de bâtir un monde différent, plus cohérent, plus serein et plus juste, a fini par déboucher sur votre engagement dans des projets et des actions collectives.

Thierry, tu t'es impliqué dans cette idée folle de faire réécrire une constitution par les citoyens.

Quant à toi Philippe, je ne compte plus les initiatives dont tu es à l'origine ou dans lesquelles tu t'es investi. Je cite celles qui me viennent mais, une fois encore, je suis certain d'en oublier : un groupe d'investisseurs dans les entreprises innovantes, un site collaboratif de suggestion d'idées, un site collaboratif de partage de projets, une formation diplômante de jeune entrepreneur, un projet de création de vêtements spécifiques pour les jeunes mamans et leur bébé, une implication soutenue dans le mouvement des Colibris qui aboutit aujourd'hui à la naissance, à Strasbourg, d'un espace dont la « raison d'être est d'emmener les individus et les organisations vers un avenir , fraternel et joyeux. »

Joli bilan !

Oui, mais ...

Alors que vous êtes des bâtisseurs, des besogneux, des coopératifs, des conviviaux, alors que vous cherchez à expliquer, à convaincre, à créer l'émulation, à stimuler, à motiver ou à séduire, d'autres acteurs, infiniment plus efficaces que vous, nous emmènent tous à nous comporter à l'encontre de vos convictions.

Ceux-là ne cherchent à convaincre personne.

Ils se nomment Google, Amazon, Facebook, YouPorn, BMW, Walmart ou Nike par exemple. Ceux-là ne parlent pas à notre intelligence mais uniquement à nos instincts les plus primaires, ceux qui ont fait le succès de la race humaine et qui pourraient aujourd'hui causer sa perte. Ce sont ces instincts que je cite dans ma petite parabole de « Pierre et Dopamine ». Cette dernière m'a été inspirée par la lecture du livre de Sébastien Bohler, « Le bug humain ».

J'ai donc une question simple à vous soumettre. Faut-il chercher à faire fonctionner la pompe à dopamine de nos contemporains dans l'intérêt d'un monde meilleur ou est-ce trop immoral à vos yeux ?

# Vu par satellite

*Thierry, le 9 août 2019*

Salut les amis.

Marc, tu es un grand flatteur. Je ne suis rien de tout ce que tu m'attribues. J'ai un peu milité sur Facebook, j'ai essayé de convaincre des gens (pas réussi à en foutre un dans mon escarcelle, je n'ai réussi à convaincre que des convaincus) et je me suis même emporté avec d'autres. Tu en sais quelque chose, nos échanges étaient houleux ! Mais tu étais le seul à me répondre. Les autres n'ont pas le temps. On ne peut pas dire qu'ils s'en foutent, mais ils n'ont pas le temps. Le système ne les lâche pas.

J'ai eu ENORME de chance dans ma vie, à commencer par me retrouver à la maternelle avec Philippe. Sans lui, je crois que je bosserais encore chez un patron. Il m'a foutu le pied à l'étrier.

Et lui s'active effectivement à faire changer les choses. Il est perpétuellement dans l'action.

Moi, je suis dans le déni, dans le doute, dans l'incompréhension, dans la peur ...

Hier matin, j'ai encore écouté Cyril Dion sur France inter à 8h00 ... C'est rude ... Nous le voyons le mur, il s'approche vitesse grand V ...

Il faut décroitre drastiquement et planter des arbres, pas des millions, mais des milliards d'arbres ... Rien que ça ... LOL !

Vu par satellite, ce constat terrible. L'Amazonie ne remplit plus son rôle de poumon de la terre ...

Et moi, je fais du VTT, je prends l'avion pour aller à un mariage à Prague et faire du vélo à Majorque, j'ai commandé les billets sur mon Galaxy S7, je prends la voiture pour n'importe quoi, je bouffe du quinoa et des kiwis de New Zeland. Je viens de commander un compteur neuf à Sophie, nous mettons nos sorties en lignes sur des serveurs gigantesques qu'il faut refroidir ...

Les gars du GIEC sont dépités ... ceux de l'ONU aussi ...

On a trouvé une énorme poche de gaz en Afrique ... Tout est déjà mis en œuvre pour l'extraire ...

Donc pour répondre à ta question, je ne sais pas ...

Je ne sais pas ce qu'il faut faire ...

Je me la pète en me disant que je vais acheter une ferme et préparer l'autonomie. Mais j'ai pas les couilles pour le faire ... Je me console en cherchant l'arche de Noé sur Leboncoin ...

Je voudrais le faire, mais pas seul. Mais personne ne viendra se fourrer avec moi dans une telle aventure. Personne. Les gens sont dans le système. Il faut payer les prêts, les abonnements, les taxes, les vacances, les études des enfants ... le système. Il faut payer le système.

Les projets d'habitats partagés rencontrent d'énormes difficultés et pour cause. Nous ne savons plus vivre en communauté. Faudra une ou deux générations contraintes à le faire pour retrouver les réflexes tribaux.

Il y en a une qui veut du Moltonel épaisseur triple dans les toilettes sèches, l'autre ne jure que par Lotus, parfum lavande ...

Les meilleurs survivront, les autres vont crever.

Je parais un peu dépité hein ?

Mais finalement, est-ce que c'est bien grave tout ça ... J'ai eu une superbe vie. Je ne peux franchement pas me plaindre, ce serait gonflé de ma part ...

Je suis heureux aujourd'hui avec Sophie.

Je regrette d'avoir mis des gamins au monde, ils risquent d'en chier ... Sans gamins, je dirais « Fuck l'humanité ». Crevons tous, ça fera du bien aux autres espèces ... Une purge, un reset est parfois nécessaire.

Mais je ne peux m'empêcher de penser à nos mômes, auxquels nous avons tout volé ...

Ton texte est comme souvent excellent et j'ai pris un énorme plaisir à le lire.

Retrouvons-nous autour d'un feu, nous palabrerons en buvant de la bière au gluten, du vin aux pesticides, des merguez aux hormones de croissance ... et une guitare fabriquée en Asie ...

Bises à tous les deux.

# Noir c'est noir ...

*Marc, le 11 août 2019*

Thierry, il est vrai que tu es un sacré veinard.

Statistiquement, il est bien plus probable de tomber sur Céline Dion à la radio que sur Cyril. Et crois-moi, à 8h00 du matin, ça fait une énorme différence[1].

Vous partagez Philippe et toi, un sentiment de culpabilité quant à l'état du monde, qui est plutôt dans l'air du temps.

Ce ressenti m'est totalement étranger.

Je n'en veux pas à Thomas Pesquet d'aller faire des vidéos dans l'espace. Je n'en veux pas à Alan Turing pour sa machine, ancêtre de l'ordinateur. Je n'en veux pas à Larry Page, Steve Jobs, Bill Gates, Marc Zuckerberg ou Jeff Bezos pour ce qu'ils en ont fait. Je n'en veux pas aux frères Wright d'avoir fait voler leur aéroplane. Je n'en veux pas à Etienne Lenoir pour son moteur à combustion.

---

[1] Céline, n'y vois rien de personnel, c'est juste pour rire.

Je n'en veux pas à Nicolas Cugnot pour la première automobile. Je n'en veux pas à Elon Musk pour ses voitures et ses fusées. Je n'en veux pas aux sumériens pour avoir inventé la roue, Je n'en veux pas aux égyptiens pour les pyramides. Je n'en veux pas à Roald Amundsen pour être allé aux pôles. Je n'en veux pas à Edmund Hillary et Tensing Norgay pour avoir gravi l'Everest. Je n'en veux pas à Jacques Piccard et Don Walsh pour avoir exploré la fosse des Mariannes. Je n'en veux pas à Thomas Edison, à Marie Curie, à Albert Einstein, à Alexander Flemming ou à Louis Pasteur.

Et je n'en veux pas non plus à Léonard de Vinci ou à Jules Verne pour avoir inspiré tout le monde.

Vous dites l'un et l'autre que des comptes nous seront demandés par nos enfants. Peut-être.

Pour ma part, je n'ai aucun état d'âme par rapport à cela. J'ai fait au mieux de mes possibilités[2] pour mener mes gamins à l'autonomie. Maintenant qu'ils commencent à participer à la fête avec nous, je ne veux

_______________

[2] J'aurais bien entendu aimé faire beaucoup mieux mais c'est ainsi

surtout pas leur mettre dans la tête que tout est foutu. Ce serait leur faire un cadeau empoisonné.

D'autant plus que rien n'est écrit.

Chaque époque a ses enjeux et ses difficultés.

L'Homme commence[3] à comprendre qu'il se met en danger en détruisant son environnement. Soit ! Il comprend aussi qu'il est tard pour remédier à cela et que tout pourrait s'arrêter dans un futur pas si lointain. Et alors ?

Cela ne rime à rien de se morfondre ou de paniquer. C'est même, me semble-t-il, totalement contre-productif.

Au-delà de ça, mes enfants ne sont pas dans un danger imminent. Ils ont un toit, à manger ; ils ont toute la liberté de créer, inventer, construire, se divertir ou tomber amoureux. Leur situation immédiate est plutôt enviable.

Et pour la suite, ils sont des acteurs comme vous et moi, sur un pied d'égalité, avec les atouts et les tares que nous leur avons légués.

---

[3] Depuis trop peu de temps, certes !

Arrêtons d'avoir l'arrogance de croire que nous sommes individuellement responsables de tout ce qui advient du monde.

Restons lucides et avançons ensemble.


<u>Nota Bene</u> :

Thierry, je crois bien que l'Euroasis, dans laquelle est impliqué Philippe, a un projet de maraîchage. Je ne sais pas ce que tu veux faire avec ta ferme mais on réussit toujours plus sûrement à plusieurs que tout seul.

# ... Il n'y a plus d'espoir

*Thierry, le 12 août 2019*

Instant PUB !

C'est nouveau, ça vient de sortir ...

Fini le Moltonel épaisseur triple. Aux oubliettes le lotus parfum lavande. Ringard le Scottex effet coton ...

C'est révolutionnaire ... Tout le monde se torche avec ...

Vous ne serez plus le même en ressortant de vos toilettes ...

ESSAYEZ le tout NOUVEAU « CHIEC 1.5 »

*Sur l'internet :*

*Rapport du GIEC : Réchauffement climatique de 1,5°C* [4] *- Wikisource*

Hop, c'était pour rire ... mais franchement ... qui l'a lu ?

---

[4] Le lien ne sera peut-être pas éternel, mais ce document doit pouvoir se trouver facilement

C'est tout à fait évident, que si l'on veut garder un optimisme de pacotille, il vaut mieux ne pas lire ce genre d'absurdité. Vaut mieux pas regarder les conférences d'Adrastia. Vaut mieux pas plonger dans les bouquins de Pablo Servigne.

Non ...

Le mieux est de faire l'autruche, la tête dans le sable, et le cul dans une position qui limitera au maximum les douleurs de tout ce qui peut y être fourré.

Ce type d'échange, Marc, ne mène à rien, je le sais, tu le sais, Philippe le sait.

Faut se retrouver autour d'un feu. On ne sera toujours pas d'accord, mais au moins, on peut tchiner ensemble !

Bises à tous ...

# Le parfum de l'Oasis

*Philippe, le 12 août 2019*

Salut les potes.

Vous savez quoi ? ces échanges me réjouissent ... t'as qu'à voir : 😊

Marc qui se dit qu'il a fait ce qu'il a pu pour ses gosses, qu'ils s'en sortiront et qui commence à baliser un peu quand même.

Et Thierry qui dit que c'est foutu, et qu'il vaut mieux cramer ce qu'il reste. Tristement.

Marc, oui il y a un certain degré de culpabilité chez moi et je mentirais si je disais qu'il ne m'a pas torturé un temps. Mais il touche aussi mes parents « modèles », mes frangins, mes potes, le voisin, mes concitoyens et en réalité l'ensemble des générations passées ... en remontant même assez loin !

Ça ne supprime pas ! mais ça « dilue » un peu ...

Pourtant ce sentiment de culpabilité n'est rien comparé à celui de l'incompréhension devant ma sottise (et du coup de celle de l'ensemble du genre humain des, allez, dix dernières générations) !

Car, effectivement, comment ai-je pu être aussi stupide pour ne pas prendre conscience que si on vide un trou - tiens, de pétrole par exemple ! - un jour, il ne va plus en rester ; que si on rajoute dans une flaque - tiens, du plastique par exemple ! - il y en aura plus après qu'avant ; que si on réduit l'espace de vie des bestioles, elles vont se mettre à crever ?

Et la liste est longue de tous mes points aveugles ...

Là où tu te trompes, c'est que je n'en veux pas à grand monde ... En tout cas pas à tous ceux que tu cites ...

Et parmi eux il y en a même un grand nombre que j'admire ! Et je leur en veux d'autant moins que malgré tout leur génie et pugnacité, il me semble qu'ils ont eux aussi manqué de lucidité ou de quelque chose comme ... un « niveau de conscience » ?

Et un jour, pourtant, sans même que tu fasses forcément partie de ces génies, t'as cette lumière, ce « niveau de conscience » qui tout à coup s'allume !

Pourquoi, à un certain moment, les mêmes infos provoquent un autre effet ? mystère !

Perso, j'interprète cela comme quelque chose qui doit se découvrir en multicouches, un peu comme un oignon, où tu ne peux accéder à celles de l'intérieur tant que celles du dessus n'ont pas été ôtées ...

Et si je sens cela au titre d'un individu, je le ressens aussi de manière plus globale au niveau d'une communauté, d'une organisation ...

Mais au fond peu importe le pourquoi et le mystère, l'essentiel est la « révélation » !

Et là, oui, j'ai commencé à me dire que mon gamin, mais plus généralement les tiens aussi et ceux de Thierry et ceux de mon voisin et même ceux de cette inconnue qui vient d'accoucher au fin fond de la jungle africaine serait en droit de me demander des comptes.

Maintenant que « je sais ».

Et là, mon comportement, malgré tout, n'a pas encore changé, il s'est encore passé du temps.

Un peu comme un énorme camion qui a décidé de freiner et qui met encore des plombes à s'arrêter.

Par contre, j'ai commencé à faire les choses tristement. Mes activités qui me faisaient vibrer il y a encore peu de temps ne signifiaient plus rien.

Les discussions des autres, que j'appréciais encore quelques semaines plus tôt, m'ennuyaient de plus en plus souvent, parfois même me dégouttaient.

Les choses manquaient cruellement de saveur. Plus grand chose ne faisait sens.

Et cette période triste me révèle maintenant que c'est une partie de moi, de mes croyances, de mes valeurs que j'ai enterrées parce qu'elles venaient de mourir.

Et cet état de déprime, de vide finit aussi par passer.

Comme si le broyeur de noir avait épuisé son carburant !

Et là, l'élan de vie revient, les comportements d'antan tombent progressivement les uns après les autres, le sens revient et avec lui l'action et le plaisir. Et si le contexte ne s'est pas arrangé entre-temps, c'est le regard que je porte sur ce contexte qui change.

Et les modestes choses que je peux mettre en œuvre à mon niveau prennent une nouvelle force et deviennent sources de joie et de sens et finalement motifs de fierté.

Et c'est ce que je vis depuis quelques mois avec une puissance toute nouvelle !

Arrêtons de croire que nous sommes individuellement responsables de tout ce qui advient, dis-tu ?

Ok, cool, je n'ai jamais cru ça !

Et le fait de croire que nous sommes collectivement responsables, ça nous déresponsabilise à quel point de ce que nous pouvons encore faire ?

On ne sauvera rien ?

Peut-être ...

Mais il ne sera pas dit que j'aurai laissé faire.

Et puis surtout, ma meilleure excuse, c'est que ça m'éclate ! 😊

Passez donc humer le parfum de l'Euroasis un de ces jours, on s'amuse comme des p'tits fous !

Des biz !

# La condition humaine

*Marc, le 14 août 2019*

Mes enfants sont aux portes de l'émancipation et je prends beaucoup de plaisir à les voir gravir les quelques marches qu'il leur reste à franchir pour atteindre ce stade. Mais, pour autant, je ne peux pas me dire serein quant à leur avenir. Je qualifierais mes inquiétudes « d'angoisses instinctives de père ». Mais je ne crois pas que ces dernières soient les fruits d'une réflexion très approfondie sur l'état de la planète.

Je vis dans un village de montagne mais je ne suis pas, malgré cela, totalement coupé du monde. J'ai conscience du fait que les humains qui peuplent cette terre doivent se préparer à quelques lendemains difficiles. Et c'est un euphémisme.

Oui, je peux le dire moi aussi, « je sais ».

Je n'avais pas été préparé à cela ; nous n'avions pas été préparés à cela, oserais-je écrire.

Mes parents avaient vécu la guerre et l'après-guerre. Mes grands-parents aussi d'ailleurs. Ce à quoi ils m'ont préparé, eux, mais aussi le reste de mes proches, mes enseignants et nombre de mes congénères, c'est à prendre ma place dans une société apaisée, en respectant mes contemporains, en acceptant quelques règles collectives et en assumant ma part de travail.

D'autres s'occuperaient pour moi, de faire en sorte que le Monde, après le chaos qu'il avait traversé, continue à se stabiliser. Charge à moi de participer au processus de désignation de ces élus ou même d'en faire partie.

Nos aïeux avaient assisté à la montée des populismes du siècle dernier et au désastre qui s'en était suivi. Ils nous en avaient parlé et pensaient avec sincérité, que si nous étions suffisamment vigilants, la société qu'ils nous proposaient, nous éviterait de revivre une pareille situation. Malheureusement, le populisme est aujourd'hui de retour dans les démocraties les plus puissantes de la planète et je dois dire que si je devais m'angoisser pour l'avenir immédiat de mes enfants, ce serait plus par rapport à ce constat, que par rapport à celui d'un réchauffement climatique, pourtant avéré et plus que préoccupant,

Mais sans doute est-ce un réflexe résultant de mon éducation.

Ceux de ma génération savent depuis bien longtemps que l'activité humaine détruit la vie sur la planète. Nous sommes des enfants de la télévision et nous en avions, par conséquent, tous entendu parler. Mais cette information, noyée parmi des millions d'autres, n'avait ému personne. Les moins hermétiques d'entre-nous se disaient que nous allions faire attention et que tout allait rentrer dans l'ordre. De toutes les façons, on nous avait fait infuser l'idée que, même si ça allait parfois être difficile, la condition humaine n'allait aller qu'en s'améliorant.

Mais depuis quelques années les choses ont changé.

L'acharnement de quelques-uns a fini par payer. Ceux-là ont réussi à se faire suffisamment entendre pour qu'une évaluation à grande échelle des dégâts que nous avons engendrés soit entreprise. Les techniques de simulation jusque-là réservées à l'économie, à l'industrie ou à la recherche fondamentale ont été transposées à cette étude et les conclusions des scientifiques ont été rendues publiques.

Et depuis nous savons que le mode de vie que nous pratiquons devra évoluer rapidement. Nous savons que c'est primordial pour l'avenir de l'humanité. Mais ce que nous savons aussi, c'est que les structures politiques profondes de nos sociétés ne sont pas prêtes à accompagner ce changement. Elles n'ont pas été conçues pour cela.

Et du coup, toute la responsabilité de la révolution sociétale à entreprendre se déplace vers ce qui devrait être son épicentre naturel, au cœur du peuple.

Maintenant il nous faut apprendre ... et apprendre à nos enfants.

# L'Euroasis



*Marc, le 23 août 2019*

Voilà, nous avons donc fait halte à l'Euroasis.

Il y avait à boire et à manger, c'est normal dans une oasis. Il y avait du feu aussi, Philippe y avait veillé. En revanche, quand je suis arrivé, deux personnes sondaient le terrain pour dénicher l'arrivée d'eau de l'un des trois bâtiments du parc. Il s'agissait donc encore, vendredi dernier, d'une oasis sans point d'eau, ce qui résume assez bien, Philippe, la concrétisation très récente de votre projet.

Je ne dirais pas que je me suis amusé comme un petit fou, comme tu le promettais, mais j'ai pris beaucoup de plaisir à visiter les lieux et, surtout, à vous retrouver tous les deux. Nous avons bel et bien pu « tchiner » comme le souhaitait Thierry.

A ce stade, je me vois obligé d'expliquer aux « non-initiés », ce qu'est l'Euroasis. Comme je ne suis pas certain de l'avoir moi-même totalement compris, et, afin de ne pas trahir la vision des porteurs de ce projet, je vais me contenter, ici, de reproduire un texte que l'on trouve sur leur site internet.

--

### *Le Projet*


*Notre raison d'être est d'engager les individus et les organisations vers un avenir durable, fraternel et joyeux !*

*Nous souhaitons créer un lieu d'accueil exemplaire de formations et de transformations personnelles et collectives pour les individus et les organisations qui souhaitent initier et accélérer leur transition vers une humanité plus consciente, plus fraternelle et plus respectueuse de la nature.*


*Raisons d'être du lieu :*

- *Permettre au grand public strasbourgeois, français et européen de découvrir, goûter et s'enthousiasmer pour une société plus écologique, plus humaine, plus apaisée et plus solidaire.*

- *Permettre aux personnes et aux organisations de se mettre sur le chemin des transitions dans l'alimentation, l'énergie, la santé, l'habitat, l'éducation, l'économie, la gouvernance, le développement personnel.*
- *Permettre à des publics très diversifiés qui ne se rencontrent pas habituellement de se côtoyer et de coopérer : créatifs culturels, entrepreneurs, artistes, étudiants, élèves, ...*

--

Depuis quelques semaines maintenant, ce lieu existe physiquement. Il se situe en plein cœur de Strasbourg, dans le quartier de la Robertsau, au 4 et 6 Chemin Goeb et au 32 quai Jacoutot.

# Le jardin d'Attila

*Marc à Philippe le 3 août 2019*

Salut Philippe.

Nous sommes allés à la ferme de Bec-Hellouin hier. C'est un contact à prendre et un lieu à visiter pour l'Euroasis.

*Philippe à Marc*

Hello Marc.

Oui, j'en ai beaucoup entendu parler, elle est assez exemplaire ... on ira voir ! Tu nous ferais un petit compte-rendu de ta visite ? 😇

Biz.

*Marc à Philippe*

Dans le milieu de la paysannerie, on me surnomme Attila parce que là où je passe, l'herbe ne repousse plus. Donc mon avis ne t'éclairera pas beaucoup.

Pour résumer : pas de mécanisation, un mélange de cultures maraîchères, horticoles, aromatiques, fruitières, qui donne une sensation d'abondance et de jardin d'Eden. De nombreuses variétés de chaque espèce. Beaucoup de cultures en hauteur. L'espace est optimisé.

Tout est paillé, ça doit éviter les mauvaises herbes et l'évaporation de la flotte. Il y a des serres chauffées au feu de bois en hiver. Beaucoup de mares. Des cultures sur buttes, un verger qui démarre.

Environ 500 stagiaires par an. Il y a pas mal de maisonnettes dans des parties privées, je pense que c'est pour les loger. De la volaille en liberté, quelques moutons, un cheval qui doit participer au travail je suppose. De la vente aux particuliers et aux professionnels.

Apparemment pas mal de recherche sur place et le constat de rendements de folie. Je pense qu'il y a un modèle économique solide.

Chouette !

Pour le reste, vous pouvez consultez sur l'internet, le site de la « fermedubec ».

Cool, merci beaucoup.

Pour ce qui est d'Attila, il me semble que c'est ce qu'on appelle « une croyance limitante » ☺

*Marc, le 31 août 2019*

Chiche, vérifions cette hypothèse.

Comme j'ai la chance de disposer du terrain nécessaire, je me lance aujourd'hui dans une expérience de permaculture.

Il y a, au milieu de mon jardin, un monticule sur lequel s'entassent les résidus issus de la taille des arbres et arbustes. De temps à autre, quand tout est bien sec, j'y mets le feu.

Cette pratique étant de moins en moins tolérée dans mon village, je me suis résolu depuis quelques temps à broyer mes déchets. Cela produit de grossiers copeaux que nous réutilisons en paillage. Ce n'est pas mal,

Mais comme je ne suis pas très assidu au jardin, le tas de résidus ressemble aujourd'hui à cela.

Il suffit de gratter un peu pour constater que ça fourmille de vie là-dessous : des escargots, des insectes, parfois quelques orvets mais pas aujourd'hui. Donc, une partie primordiale du boulot est déjà faite.

Je commence par arracher quelques orties et je délimite la zone de culture avec de vieilles bûches entassées depuis bien longtemps sous les arbres et les muriers.

Pour préserver la vie sous mon tas de bois, je ne touche pas à la couche inférieure. Du coup, je suis à court de munitions.

Mais j'ai encore quelques réserves ailleurs.

Ces bûches sont si légères qu'elles s'envoleraient directement dans mon conduit de cheminée si je tentais de les brûler.

Elles ont donc bien trouvé leur place ici.

Je retire les plus gros morceaux de bois et les orties restantes. Tiens, les orvets sont de retour cet après-midi. Il y a aussi des araignées et toujours de nombreux escargots.

Je pousse les brindilles sèches sur les bordures pour commencer à pailler, puis je répartis les cendres localisées au centre du monticule pour aplanir la surface.

Je remue beaucoup de choses dans ce sol, peut-être un peu trop ...

Je complète mon paillage avec des branches broyées.

Un jeune peuplier noir s'est invité dans la zone à cultiver.

Il est le bienvenu.

Et maintenant, je laisse les bébêtes et les bactéries continuer le travail là-dessous. J'y reviendrai plus tard. Et le jour où il poussera quelque chose de comestible à cet

endroit, je validerai le principe de « croyance limitante »
énoncé par Philippe.

Mais ça, ce n'est pas gagné.

La suite au prochain épisode.

# A toute vapeur !

Marc, le 17 septembre 2019

L'école ...

Ah, l'école !

Voilà un thème qui m'est cher[5] !

Voilà un sujet qui déchaîne les passions !

Chacun est persuadé que le système scolaire que fréquentent nos enfants est défaillant. Les politiciens, les journalistes, les intellectuels, les militants, les citoyens, les parents d'élèves, les élèves et les enseignants.

C'est une belle unanimité somme toute !

... de façade puisque, bien entendu, personne n'est d'accord sur la nature des problèmes ou sur la façon de les solutionner.

------

[5] J'y avais déjà consacré un chapitre dans mon précédent ouvrage, Mes veilles paradoxales, MF Edmond, Editions Books On Demand, 2017

En vérité, l'école est mise en cause à chaque fois que la société est en constat d'échec.

Durant le vingtième siècle, elle a permis à une part de la population mondiale d'accéder à plus de confort, à plus de sécurité, à plus d'épanouissement ; les individus nés à cette époque le savent. Il existe probablement de nombreux territoires sur la planète où elle permet encore cela.

Mais en Europe occidentale, là où je vis, ce n'est plus le cas.

- Les régimes de protection sociale s'effondrent
- La médecine est en échec structurel et l'espérance de vie a cessé de progresser
- La pauvreté ne recule plus
- Les pathologies liées au travail ou aux autres interactions sociales sont légions
- L'agressivité dans les rapports entre les individus est fréquente

Parmi les reproches qui sont faits à l'institution, j'entends régulièrement celui-ci : « le niveau général des élèves est en baisse constante ».

Si le sujet n'était pas aussi grave, ça me ferait mourir de rire[6].

Mais de quel niveau parle-t-on au juste ?

Pas de celui des océans, il ne cesse d'augmenter.

Non, non, nous parlons bien là du niveau qui nous a permis d'aboutir à la situation inextricable dans laquelle nous nous trouvons. Cette situation dans laquelle nous détruisons tout ce qui permet notre survie. Cette situation dans laquelle nous risquons chaque jour un peu plus, de nous entretuer.

Surtout ne changeons rien !

A toute vapeur et droit dans le mur !

En vérité, l'école, si école il doit y avoir, devrait me semble-t-il, se préoccuper presqu'exclusivement de l'avenir individuel mais surtout collectif de nos contemporains.

Il s'agit de répondre à une question simple : comment apprendre à nos gamins à devenir autonomes sans qu'ils

______________________________

[6] Pour tout dire, ça me fait vraiment rire, mais c'est un rire honteux qui tire franchement sur le jaune.

soient nocifs pour les autres membres de la communauté humaine ?

La réponse, elle, est évidemment plus complexe.

Je repense quelquefois à toutes les heures que j'ai passées à user le fond de mes pantalons sur les chaises des salles de classe. Dans l'ensemble, ça ne s'est pas trop mal passé puisque l'école a effectivement joué un rôle certain dans ma prise d'autonomie. Mais, sur le fond, qu'y ai-je appris qui s'est avéré être réellement utile à mon espèce ?

Dériver une fonction polynomiale ? Résoudre une intégrale ? Je ne crois pas avoir jamais utilisé cela dans ma vie quotidienne.

Mais je ne veux pas jeter le bébé avec l'eau du bain et je dois bien reconnaître que l'école m'a transmis quelques outils pour coexister avec mes semblables ; surtout au cours des premières années où je l'ai fréquentée. Les bases de l'arithmétique et de la géométrie, le maniement des subtilités de ma langue maternelle par exemple. Elle m'a aussi appris à comprendre et bredouiller l'anglais ou à disposer d'un vernis scientifique ; tout cela m'est parfois utile.

Mais surtout, l'école m'a permis de me socialiser au-delà de mon cercle familial.

En revanche, elle a aussi contribué à faire de moi un parfait consommateur. Quelqu'un qui fait travailler ses congénères, certes, mais aussi quelqu'un qui se gave de tout et de riens juste pour alimenter son ego ou atténuer ses frustrations.

L'institution nous a incités à la compétition et au dépassement de nous-mêmes. Il fallait faire de nous des humains plus performants. Il fallait que les meilleurs d'entre nous réussissent et contribuent à installer la suprématie des Hommes sur le monde.

Une pulsion de domination est, semble-t-il, inscrite au marqueur indélébile dans nos gênes et nous jugeons collectivement nécessaire de la renforcer.

Soit ...

Mais les héros de demain ne doivent plus être les idoles d'hier. La réussite sociale d'un individu ne peut plus être évaluée sur son aptitude à dévaster son environnement, ça n'a pas de sens. Il faut changer de paradigme.

Philippe, quand tu nous as parlé de votre projet d'Euroasis, tu en es venu assez vite à vos pratiques de gouvernance basées sur Holacracy[7]. Je ne vais pas détailler ici de quoi il s'agit mais simplement préciser que les organisations holacratiques dynamitent les anciens principes de management basés sur des modèles hiérarchiques très verticaux, souvent peu efficaces et peu agiles.

J'ai laissé traîner mes oreilles quand nous t'avons rendu visite sur le site de la Robertsau. Dans les conversations des uns et des autres, j'ai entendu deux choses qui m'ont fait tiquer.

La première était que vous essayiez de faire en sorte que personne ne prenne trop ostensiblement la lumière dans votre groupe de citoyens. Vous ne souhaitez pas que l'un ou l'autre d'entre vous devienne une figure de proue du mouvement.

---

[7] Holacracy, Brian J. Robertson

Je comprends cette démarche et je pense percevoir ce dont vous essayez de vous préserver. Pourtant, on trouve sur votre site internet, le texte suivant :

--

### ___Ils nous soutiennent___

- *Pierre Rabhi, philosophe et agro écologiste, fondateur de Terre et Humanisme, Colibris, Les Amanins, ...*
- *Cyril Dion, réalisateur du film "Demain" et fondateur de Colibris*
- *Alexandre Jardin, romancier, Bleu Blanc Zèbre, La Maison des Citoyens.*
- *Jean François Zobrist, ex-dirigeant de Favi, une des premières entreprises libérées au monde*
- *Maxime de Rostolan, Fermes d'Avenir et ... Blue Bees*
- *Matthieu Dardaillon, Ticket For Change*
- *Yves Michel, éditions le Souffle d'Or*
- *Pierre Hoerter, entrepreneur solidaire : Solivers & La Main Verte*
- *Jean Claude Mensch, maire d'Ungersheim (où a été tourné "Qu'est-ce qu'on attend !")*

- *Jo spiegel, maire de Kingersheim, commune emblématique de la démocratie participative*

--

Sur votre page Facebook, on trouve des photos de tous ces gens mais aussi d'autres personnalités comme Matthieu Ricard par exemple. J'y vois un vrai paradoxe.

De mon point de vue, votre projet, mais aussi tous les autres liés au développement durable, doit avoir ses figures de proue. Pour assouvir ses pulsions de domination, notre cerveau peut se satisfaire de voir gagner d'autres individus que nous-mêmes. Ce peut être Neymar, Sébastien Loeb, Donald Trump ... ou Matthieu Ricard. Mais quelqu'un fera le job. Et j'aime autant que ce soit l'un d'entre vous.

La deuxième chose qui m'a fait siffler l'oreille est qu'Holacracy vous permettait d'avancer efficacement sans hiérarchie.

J'ai un peu lu depuis. Et voilà ce qu'écrivait Bernard Marie Chiquet, l'un des référents de la méthode en France, le 15 janvier 2018 sur le site chefdentreprise.com.

--

Souvent mise en avant pour décrire, expliquer ou dénoncer Holacracy, l'horizontalité de la nouvelle organisation **ne signifie pourtant pas la disparition de toute forme de hiérarchie**. L'organisation holacratique implique une hiérarchie des rôles et des raisons d'être. Mais, désormais, ce sont les processus qui distribuent les pouvoirs, à des rôles et non à des personnes.

...

Dans ce cadre, le chef, patron ou manager, **a toujours un rôle majeur à jouer dans le déploiement de Holacracy**. Le plus souvent, il est même à l'origine du processus qui conduit au changement. Et pour cause puisque c'est lui qui est sans doute le mieux placé pour saisir la totale obsolescence d'un modèle pyramidal qui ne répond plus aux contraintes économiques ni aux aspirations de collaborateurs qui, plus que jamais, représentent l'essentiel de sa valeur ajoutée.

Holacracy, tout en s'adaptant à la « personnalité » de chaque entreprise, en proposant une palette complète d'outils plutôt qu'une énième théorie du management, offre une approche ouverte et éducative. **Le patron n'est** *__pas voué à se dissoudre dans l'organisation__. Bien au contraire ! Il abandonne son pouvoir sur les hommes pour initier et démontrer la puissance de l'organisation. Il passe d'une illusion de pouvoir sur les hommes à une puissance réelle sur l'organisation, et ce qui est vrai pour lui est aussi vrai pour tous les collaborateurs qui s'en saisissent.*

--

Je vous laisse méditer ça ...

*Philippe à Marc*

Hello.

Juste pour préciser :

L'holacratie n'a pas pour prétention de supprimer les hiérarchies mais :

1- comme tu le dis, d'être plus agile dans un monde « vica » (volatile, incertain, complexe, ambigu) et

2- de supprimer les rapports de domination. ☺

Bises.

*Marc à Philippe*

Salut Philippe.

Tu préciseras tout ça plus tard si tu veux. 😊

Je sais bien que tu n'as pas dit qu'Holacracy supprimait les hiérarchies. Ce n'est pas de ta bouche que je l'ai entendu.

Ce n'est pas ça que je propose de méditer mais plutôt le fait qu'on a tous besoin de « faire les malins » ou parfois les patrons. On ne peut pas y échapper.

Alors autant se lâcher si c'est pour la bonne cause. 😊

*Philippe à Marc*

Oui.

Et ce que tu appelles faire le malin, j'appelle cela trouver du sens ...

Les mots ne sont pas anodins, ils orientent nos pensées, qui elles-mêmes orientent nos comportements et nos actes.

Et ils sont des armes douces et puissantes.

Exemples :

- Quand on m'a dit que la famille c'était un mec, une nana et des gosses, j'ai mis 30 ans à m'en défaire.
- Quand on m'a dit depuis mon enfance que mon pays était une démocratie, j'ai mis 50 ans à comprendre la supercherie.

Biz, merci de nous relancer de temps en temps

# La constante de Kuhn

*Marc à Philippe, le 20 septembre 2019*

Philippe, ce n'est pas forcément ce qu'il y a de plus notable dans ton parcours, mais je précise ici que tu as été, dans une autre vie, professeur de physique dans cette grande maison qu'est l'Education Nationale.

Parlons donc un peu physique.

L'humain a cette particularité de chercher à bâtir des théories à partir de ce qu'il observe dans la nature. Mais il a besoin, pour raisonner, d'identifier des éléments qu'il juge suffisamment stables pour les considérer comme acquis. Appelons ces éléments des **constantes**.

Ainsi, à la fin du 17$^{\text{ème}}$ siècle, notre ami Isaac « patraque » Newton, champion du monde de l'observation, était-il intrigué par le déplacement des planètes mais aussi par celui des objets en général. A force de curiosité, à force de réflexion, à force de raisonnement, il a fini par modéliser une théorie sur le mouvement des corps. Cette théorie est à la base de ce que l'on appelle communément la « mécanique générale » que l'on enseigne encore largement dans les écoles de nos jours.

L'essentiel des technologies dont nous profitons aujourd'hui a bénéficié des avancées de la mécanique newtonienne. Au cœur des travaux de Mr Patraque dans ce domaine, on retrouve une valeur baptisée « **constante** gravitationnelle » qui lui a semblé pouvoir s'appliquer de façon universelle.

Plus tard, d'autres curieux ont construit des théories qui nous ont permis d'expliquer ce que nous observons dans la nature.

A la fin du 19ème siècle, Max Planck a eu l'intuition qu'il existait une longueur indivisible, en dessous de laquelle toute tentative de mesure n'a plus de sens. Cette longueur a une valeur. Nous appelons aujourd'hui cette valeur la « longueur de Planck ». De même, il existait pour ce monsieur, une durée indivisible, en dessous de laquelle toute tentative de mesure n'a plus de sens. Le « temps de Planck ». Enfin, il existait pour lui une quantité d'énergie indivisible, en dessous de laquelle toute tentative de mesure n'a plus de sens, la « **constante** de Planck ». Ces valeurs indivisibles dénommées « quanta » ont donné lieu à ce que l'on appelle maintenant, la « mécanique quantique ». Pendant de nombreuses années, cette discipline n'a pas ému grand monde mais elle nous a finalement permis d'expliquer des phénomènes qui mettaient la méthode patraque en défaut. Depuis la nuit des temps, par exemple, de vieux loups de mer relataient l'existence de vagues de plusieurs dizaines de mètres, capables d'engloutir des navires tout entiers. Ces marins ont très longtemps été pris pour des affabulateurs par la science qui, par modélisation simple, estimait qu'en pleine mer, aucune vague ne pouvait excéder une hauteur de 12 mètres. Il a fallu attendre les années 2000 pour que des observations incontestables nous poussent à réévaluer nos modèles et démontrent, par application de principes de mécanique quantique datant des années 20, la réalité de ces phénomènes.

Au début du 20ème siècle, Albert Einstein a conduit ses réflexions sur la base d'une autre intuition simple qui est que la lumière a une vitesse constante que l'on ne peut ni accélérer, ni ralentir. Ainsi, même si l'on posait une source de lumière dans un TTTGV[8], les rayons lumineux ne se déplaceraient pas plus rapidement, et cela, que la mesure de vitesse soit réalisée à partir du train ou à partir d'un quai de la gare. Dans l'hypothèse d'Einstein, la lumière a donc une vitesse **constante[9]**, quel que soit le référentiel à partir de laquelle on la mesure. Bon, bien ... et alors ? Là où ça devient intéressant, c'est que le vieil Albert[10], ne s'est pas contenté de travailler avec sa propre constante. Il a essayé de confronter sa théorie de la relativité restreinte à celle de la gravitation universelle de notre ami Isaac Patraque. Cela lui a permis de démontrer, pour faire simple, que le temps « s'écoulait plus ou moins vite » selon l'endroit où l'on se trouvait. Oui ... mais encore ? Ces travaux ont finalement donné la possibilité aux astronomes, de démontrer l'existence des trous noirs dont on soupçonnait la présence depuis l'époque de Newton ... et, pour la première fois cette année, d'en observer un dans l'espace.

---

[8] Train à Très Très Grande Vitesse
[9] La célérité
[10] Qui à l'époque était jeune

De nos jours, d'autres curieux, d'autres observateurs, d'autres intelligents, essayent de marier la mécanique générale de Newton, la mécanique quantique de Planck et la relativité d'Einstein pour mettre au point une théorie de la gravitation quantique qui nous permettra, sans aucun doute, de mieux comprendre tout ce que nous observons dans l'univers.

En sociologie, il est aussi nécessaire de savoir isoler des valeurs constantes pour bâtir des raisonnements.

« La famille, c'est un mec, une nana et des gosses ».

Cet énoncé est sans doute la tentative d'identification d'une constante sociale. Mais aujourd'hui, il suffit de lever un peu le nez pour se rendre compte que cette tentative était moisie et que, par conséquent, aucune théorie ne peut être établie sur cette base.

Au fil de nos échanges et comme pour Newton, Planck et Einstein, je vois, petit à petit, poindre chez toi une intuition. Ce serait peut-être celle de l'existence d'un point d'équilibre entre les individus où la domination est neutre. Ce point serait indépendant des mots échangés

- ces « armes douces[11] et puissantes » - mais aussi de tout autre type d'interaction entre les personnes. Il serait intéressant d'identifier clairement cette **constante de Kuhn** et d'en déterminer la valeur. Ce serait une bonne base de travail pour énoncer une théorie d'accession à la société idéale qui, me semble-t-il, te tient à cœur.

Et puis, à la manière d'Einstein, il serait ensuite utile de confronter tes travaux à ceux basés sur :

- La constante de Krueger[12] qui définirait le point d'équilibre entre les individus où la peur est neutre
- La constante d'Hadès qui définirait l'âge maximal après lequel la vie devient sans intérêt
- La constante de Priape qui définirait le point de plaisir maximal que l'on peut atteindre
- etc.

En attendant, et même si c'est avec une certaine distance, je continue à observer avec attention et bienveillance tes expériences empiriques et tes initiatives

---

[11] Douces? c'est très discutable !
[12] Freddy

tout à fait concrètes pour essayer de nous faire accéder à un monde meilleur.

*Philippe à Marc*

Hello. Intéressant et totalement inattendu cette « constante » ...

Qu'entends-tu donc par « point d'équilibre où la domination entre humains serait neutre » ?

Pourrais-tu tenter une définition ?

Ou donner quelques exemples ou contrexemples ?

En somme il s'agirait de mesurer le niveau de domination entre humains ? C'est cela ?

Biz.

*Marc à Philippe*

Je comptais te faire bosser sur le dossier 😝

Sinon, j'aurais intitulé le chapitre la constante de Bajard ...

Pour le moment, nous en sommes au stade de l'intuition, il faut commencer par éclaircir cela, en effet.

Ceci étant, la constante serait peut-être un niveau de domination de l'autre en dessous duquel il est impossible de descendre. Je ne sais pas ... C'est à travailler ...

Je vous parlerai aussi un jour de la parabole de Charlie Barr que j'ai évoquée il y a quelques semaines avec mon copain Pascal, qui, pendant ton absence, Philippe, était allé visiter l'Euroasis.

Mais chaque chose en son temps.

Philippe à Marc et Thierry

Il reste encore possible de l'appeler la constante de Bajard-Kuhn, ça s'est déjà vu ...

Voire la constante BKL, si l'autre se réveille un jour ... 😇

Biz.

L'autre est en Tchéquie et vient de se réveiller d'une nuit de fête.

# La parabole de Charlie Barr

*Marc, le 23 septembre 2019*

En 1905, Charles Barr et son équipage traversèrent, à la voile, l'océan Atlantique, depuis New-York jusqu'à la pointe méridionale de l'Angleterre, en un peu plus de 12 jours. Charlie n'était pas le premier marin venu puisqu'à cette époque, il avait déjà fait inscrire à son palmarès trois coupes de l'America.

Excusez du peu !

Son record perdura pendant 75 ans et ne fut battu qu'en 1980 par un autre marin d'exception, Eric Tabarly. Accompagné de ses trois équipiers, celui-ci pulvérisa l'exploit du skipper américain en réduisant la durée de la traversée de presque 2 jours.

Depuis, la performance n'a plus cessé d'être améliorée pour tomber en 2009, à 3 jours 15 heures 25 minutes et 48 secondes. Ce n'est pas faire injure à Pascal Bidégorry et à ses compagnons que de dire que leur exploit ne leur a pas apporté la notoriété de leurs illustres prédécesseurs.

Pourtant ceux-là n'ont pas pulvérisé le record de Charlie Barr, ils l'ont réduit à néant !

En moins de 30 ans, la durée de la traversée a été divisée par plus de trois. Mais ce qui a changé au cours de ces 29 années n'est pas la valeur ou la compétence des marins. Les principaux facteurs d'amélioration sont issus de travaux menés sur la terre ferme. L'évolution technique des navires, de leur architecture, des matériaux, des voiles, la qualité des communications, des prévisions météorologiques, l'informatique à bord, et bien d'autres choses encore. Tout ceci est le fruit de la recherche appliquée et de la recherche fondamentale.

Philippe, tu évoquais dans un chapitre précédent le manque de lucidité de personnages illustres qui nous ont précédés. C'est vrai qu'il est important d'être lucide lorsqu'on part à l'aventure. Mais comment y parvenir ?

De par le monde, de nombreux équipages se constituent pour bâtir les conditions d'un monde « durable ». Moi qui n'ai pas le pied marin, je vous observe depuis la berge. Et je vois bien que les navires qui nous guident vers un monde « éphémère » sont plus rapides et plus nombreux que les vôtres. Vous le savez d'ailleurs vous aussi.

Mais ce qu'il faut craindre, c'est que la flotte du monde qui s'éteint remporte toutes les courses haut la main, alors même que vous n'en serez qu'à tirer vos premiers bords.

Quand j'écris cela, je ne sais pas si je suis pessimiste, cynique ou simplement lucide. Mais ce dont j'ai la conviction, c'est que, aussi valeureux que soient vos équipages, vous ne pourrez pas vous contenter d'embarquer pour participer aux régates ou aux transatlantiques.

Afin que vos navires deviennent supersoniques, il me semble important, que vous ne fassiez pas l'impasse sur la recherche appliquée et même sur la recherche fondamentale. C'est un peu l'idée que, très naïvement, j'ai tenté d'introduire dans le chapitre précédent.

Hier, je suis allé assister à la mise à l'eau de l'Euroasis dont c'était l'inauguration publique. Il est probable que je ne naviguerai jamais à bord de ce bâtiment. Je crains bien trop les conditions de la vie à bord. Mais je ferai volontiers partie de l'équipe à terre.

Avec beaucoup d'autres, bien plus intelligents ou bien plus cultivés que moi, je l'espère.

Hello.

Marc, j'aime beaucoup tes analyses. Je les trouve généralement fines et elles permettent une vision de « zoom arrière » qui m'inspire beaucoup.

Et ton analogie avec les records de voile est parfaite ... pas exclu que je la replace un de ces jours ☺

Bref, donc ok avec tous tes constats et conclusions.

Un point me remue pourtant.

Dire comment ils pourraient améliorer leurs performances aux équipages à terre ou en mer qui triment comme des malades pour faire avancer leurs recherches et leurs bateaux pour gagner la course de voile est somme toute assez sympathique.

Ça me fait un peu penser aux spectateurs de matchs de foot qui « expliquent » au gars qui galope sur le terrain et qui se fade 50h d'entraînement par semaine comment il devrait taper le ballon ...

C'est drôle non ?

Mais peut-on encore taxer cela de sympathique ou de drôle lorsque l'on transpose ce même contexte à des observateurs conversant gaiement sur le pont du Titanic et conseillant les gars en fond de cale sur la meilleure manière de tenir la pompe qui permet au navire de ne pas sombrer tout de suite ?

Parfois, dans les milieux écolos, certains critiquent le message du colibri avec sa petite goutte d'eau parce qu'évidemment tout le monde aura compris qu'il est totalement illusoire d'éteindre ainsi un incendie gigantesque.

Sauf que le message du colibri est ailleurs.

Il est dans ce qu'il rétorque au tatou qui constate l'inutilité de son geste : Moi, mon gars, je fais ma part.

Donc oui, il est plus que temps de sortir les Canadairs. Mais ceux qui ont les clés du hangar des avions ne les lâcheront que contraints et forcés.

Et oui aussi, les petites victoires des combats que nous remportons sont totalement anodines par rapport aux enjeux.

Et que dire de celles que vous ne menez pas ?

Bon, je suis un peu provoc, là. Mais je sais avec qui je peux me le permettre ... (enfin j'espère)

Et je retourne au turbin !

Biz 😘😘

<u>PS :</u> et je suis tout à fait conscient, Marc, que cet échange/ouvrage/littérature est ta propre goutte d'eau. Bienvenue chez les colibris, mon gars ! 🙂

*Marc à Philippe et Thierry*

Philippe, je n'ai pas de souci avec ton coup de provoc[13]. Je dirais même qu'il me donne l'occasion de m'expliquer.

Et ce n'est pas une mince affaire puisque cela fait presque trois ans que l'intégralité de mes écrits ne vise qu'à essayer de me faire comprendre à propos du « point qui te remue ».

---

[13] Ton tout petit coup de provoc quand on sait de quoi tu es capable

96

Thierry l'a mentionné dans l'un de nos précédents chapitres, nous nous sommes beaucoup accrochés par le passé autour de sa vision du pouvoir et de la démocratie. Et comme ça m'attriste de me fâcher avec les gens que j'aime, j'ai préféré écrire et exposer mes points de vue en repartant de zéro[14].

Je n'ai pas vécu à l'époque de Charlie Barr mais je suis, tout comme vous, un contemporain d'Eric Tabarly. Il est encore une référence pour de nombreux marins aujourd'hui. Certains ont, je crois, eu la chance de compter parmi ses équipiers.

Nul doute que ce personnage ait été un grand marin.

Nul doute que ses winchs aient enroulé des millions de kilomètres de corde.

Nul doute qu'il ait été un fin tacticien de la course.

Nul doute qu'il ait affronté les éléments avec un courage énorme et une lucidité hors du commun.

---

[14] Pour rappel, le sous-titre de mon précédent bouquin était « le monde, vu de mon canapé », grand succès dans la salle d'attente de Laurence, la femme de ma vie.

Mais ce qui a fait aussi de l'homme, un personnage exceptionnel, c'est la saga Pen Duick. C'est la capacité qu'il a eu à révolutionner son sport en inventant de nouveaux navires.

Philippe, je comprends ce que tu écris à propos des supporters qui voudraient expliquer aux joueurs de football professionnels comment on tape dans un ballon. Je perçois fort bien la portée ridicule de leurs discours – ou même de mon discours.

Mais à cela, j'aimerais opposer un autre sens du ridicule.

C'est celui qui a poussé les détracteurs d'Albert Einstein à le prendre pour un rigolo. Je parle ici de ceux qui refusaient de souscrire à des théories bâties sur l'idée de l'existence d'une constante c, telle que :

$$c + 1 = c$$

Je ne sais pas précisément ce qui lui a été dit à l'époque mais, à en juger par les citations qu'on lui prête, les échanges ont dû être musclés. En voici quelques-unes :

- *Si une idée ne paraît pas d'abord absurde, alors il n'y a aucun espoir qu'elle devienne quelque chose.*

- *La folie, c'est de faire toujours la même chose et de s'attendre à un résultat différent.*
- *L'imagination est plus importante que la connaissance. La connaissance est limitée alors que l'imagination englobe le monde entier, stimule le progrès, suscite l'évolution.*

Mais je pense surtout à celle-ci qui est d'une grande arrogance et d'une extrême violence.

- *Les grands esprits ont toujours rencontré une opposition farouche des esprits médiocres.*

Loin de moi l'idée de me comparer à Einstein ou même de faire mienne cette dernière citation. En revanche, ce qu'il dit de la folie me parle.

Philippe, tu écris que ceux qui ont les clés du hangar aux Canadairs ne les lâcheront que contraints et forcés. Je sais bien que tu as raison et que l'application du théorème de baston, basé sur la « constante de 36 »[15], nous permettra un jour de récupérer les clés du hangar. Mais mon intuition, c'est que les avions auront rouillés

---

[15] Celle du Front Populaire

depuis bien longtemps avant que cela n'arrive et que l'incendie aura tout consumé depuis des lustres.

Et mon idée absurde, c'est qu'il est tout à fait possible de faire en sorte que les détenteurs des clés du hangar viennent nous les remettre de leur plein gré. Avec le sourire.

Et en courant qui plus est !

Si vous ne me croyez pas, je ne m'en offusquerai pas et surtout, je n'oserai jamais vous traiter d'« esprits médiocres ».

Mais je ne suis pas Einstein et j'ai vraiment besoin d'autres capacités cognitives que les miennes pour aller au bout de mon intuition. Celles de gens en qui j'ai confiance, c'est essentiel. A commencer par vous deux.

Une dernière chose, je ne prétends pas qu'il faut abandonner l'utilisation de la « constante de 36 ». Elle fait partie de notre monde, elle permet d'expliquer beaucoup de choses et de solutionner de nombreux problèmes.

Même si de mon point de vue, c'est de la mécanique newtonienne ...

*Philippe à Marc*

Bon, je sens qu'on approche de la fin de l'introduction ...

Et si tu nous exposais ton plan, Marc, pour pécho les clés du Canadair ?  Avec le sourire ?

*Marc à Philippe*

Trois années d'écrits et un bouquin et demi, belle introduction en effet ! Il n'y a pas de plan, Philippe. Juste un infâme magma qui flotte entre mes oreilles.

Un truc fait de :

- Pistes à explorer

- Sujets à éclaircir

- Intuitions à challenger

- Convictions à ébranler

- Constats à partager

- Objectifs à clarifier

- Questions à trancher

Je peux vous poser le tas de détritus dans l'entrée mais je ne suis pas certain que ça vous ravisse. Je vais tenter de faire un peu de tri au préalable.

# Coiffe-toi ! Mets une barrette ![16]

*Thierry, le 26 septembre 2019*

Hum .... Désolé pour la réponse tardive ... Nous revenons de Prague ... En EasyJet ... Sorte de compagnie aérienne qui fait voler des canadairs qui jettent de l'huile sur le feu ...

Hum, les garçons ... si vous voulez que je vous aide à forcer les portes du hangar à canadairs (à eau ...), il va falloir arrêter d'additionner des lettres avec des chiffres.

J'arrive pas à suivre. Je comprends pas tout ... C'est de la haute voltige littéraire ton truc Marc ...

Pas de panique, je ne me considère pas pour autant comme un esprit médiocre. La preuve : les esprits médiocres, si j'ai bien compris, avaient la fâcheuse tendance à critiquer les grands esprits.

Perso, j'ai jamais critiqué l'Albert sur ses théories, et pour cause, je n'y ai rien compris ...

---

[16] Intouchables, Olivier Nakache et Eric Toledano, 2011

Dans pareille situation, j'applique inéluctablement le principe de cette phrase que j'ai lue un jour quelque part : « Il vaut mieux ne rien dire et risquer de passer pour un con, que de l'ouvrir et ne laisser aucun doute là-dessus »

Chez Einstein, je peux critiquer sa coupe de cheveux. S'il avait passé 5 minutes par jour dans sa salle de bain au lieu de filer directement du lit au labo, il aurait eu moins de boulot à affronter ses détracteurs qui étaient persuadés qu'un gars avec une coupe pareille, c'est pas du sérieux.

Pour Newton, c'est pareil. Difficile de le contredire pour moi. Par contre, là, j'ai un gros doute sur l'histoire de la pomme. Car là encore, si je me réfère à d'anciennes gravures de son portrait et si je veux rester dans le domaine du capillaire, la pomme aurait rebondi sur sa tête et bouleversé toutes ces histoires de lois de la gravitation.

Je mets longtemps à te lire Marc. Car je fonce sur le dico toutes les deux phrases ... C'est fatiguant.

Rien que le titre ... « La constante » ...

**En sciences, une constante est une grandeur dont la valeur est fixée par convention ou par calcul, indépendamment du problème dans lequel elle est rencontrée. Cette notion s'oppose ainsi à celle de variable, dont la valeur peut changer au cours d'un même problème.**

**Une constante est généralement notée par une lettre, majuscule ou minuscule, qui tend à être adoptée internationalement. Elle porte souvent le nom du phénomène ou du scientifique à qui elle est associée.**

? ? ? Nom de dieu ...

Comprenez par-là que chez certaines personnes, une définition ne suffit pas à la compréhension.

Il y a des gars qui se prennent une pomme sur la tête, la ramassent, et la bouffent car ils avaient un petit creux. D'autres, y voient là une opportunité de révolutionner la physique.

C'est pas bien grave tout ça, car le croqueur de pomme est sûrement doté de capacités dont l'Isaac aurait peut-être rêvé. Car après tout, il n'était que physicien, mathématicien, philosophe, alchimiste, astronome et théologien ... mais peut être totalement incapable de faire une compote de pomme ...

Bon, je sais que ce que je viens d'écrire ne sert à rien sur notre Titanic. Mais c'est tout ce qui me venait à l'esprit. Quand le Titanic a coulé, il y avait des musiciens sur le pont qui animaient la scène ... Disons que c'est quelque chose de cet ordre-là ... L'instant récréatif ...

C'est effectivement intéressant pour moi de te lire Marc, même si je me gratte virulemment et interrogativement ma petite tête. Et à force de me la gratter dans tous les sens, si je ne parviens pas à accéder au niveau d'Einstein, j'en aurai au moins sa coupe de cheveux !

Marc à Thierry

Excellent !

Et plus utile qu'on ne le pense pour maintenir le Titanic à flots. Il va falloir que je revienne sur terre rapidement ... sinon tout ça ne sert à rien.

Hugh les pépères.

Sur l'utilité de tes futilités, Thierry, je partage l'avis de Marc : Ça ne sert strictement à rien et c'est pour cela que c'est absolument indispensable !

Rappelle-toi, Terray et sa « conquête de l'inutile » ...

Lorsqu'on lui (ou était-ce un autre de ces conquérants ?) posait la question pourquoi il fallait qu'il monte sur ce sommet dangereux, froid, quasi inatteignable et totalement aride, il répondait : « parce que c'est là ».

Toi, c'est un peu pareil, voilà pourquoi t'es dans ce trio 😘😘😘

# Petit ménage d'automne

*Marc, le 28 septembre 2019*

Comme promis, je vais essayer de mettre un peu d'ordre dans mon fatras inter-auriculaire.

Alors commençons par le commencement.

## *Les objectifs*

De quels objectifs parle-t-on au juste depuis que nous avons débuté nos échanges épistolaires ?

- ***Piquer les clés du hangar aux Canadairs ?***

  Je ne nie pas que ça pourrait être un objectif intermédiaire mais je ne crois pas que nous soyons là au cœur du sujet.

- ***Préserver la vie sur terre ?***

  Cette ambition toucherait au divin. Et quand l'Homme se prend pour Dieu, ça ne se passe jamais bien. Si l'on ajoute à cela que je suis athée, vous comprendrez que ça ne me parle pas beaucoup.

- *Sécuriser l'avenir de la race humaine ?*

    On y vient, mais Thierry nous a déjà posé une colle assez claire sur le sujet. Est-ce que le jeu en vaut la chandelle ? Et puis là-encore, il faut être sacrément sûr de soi pour choisir un tel objectif.

- *Emmener les individus et les organisations vers un avenir durable, fraternel et joyeux ?*

    Mazette ! Là, franchement, vous avez bien bossé à l'Euroasis ! [17] C'est simple, clair, exhaustif et porteur de sens. Je ne suis pas loin de signer des deux mains. Une toute petite réserve cependant, quant à la nécessité de rendre durables les organisations mais, vous me connaissez, c'est juste pour chipoter.

Du coup mon petit objectif personnel est clair.

Je le reformule.

Pour que mon battement d'aile de colibri soit bénéfique à mes congénères, il faut qu'avec d'autres, je me

---

[17] J'ai volé cette phrase sur le site de l'Euroasis. Elle décrit l'une des raisons d'être du lieu.

penche sur les façons d'emmener les individus vers un avenir durable, fraternel et joyeux. [18]

Encore faut-il qu'à chaque étape de ce projet, on puisse vérifier que ceux qui y prennent part restent en ligne avec l'objectif de départ.

Ça tombe bien me dirait Philippe, l'Holacratie pratiquée à l'Euroasis permet de confronter en permanence, l'action en cours avec l'objectif visé par ladite action mais aussi avec l'objectif global de l'organisation.

Et comme j'en suis à faire parler Philippe sans lui demander son avis, je vais faire de même avec Thierry qui rétorquerait qu'il faut avoir fait bac+12 pour comprendre quelque chose à cette méthode de gouvernance[19].

Enfin, comme je ne suis pas en reste, j'ajouterais que l'Holacratie a de nombreux intérêts mais que, sauf erreur de ma part, elle ne permet pas de correctement tenir compte de tiers, prépondérants sur l'atteinte des

---

[18] « Commence donc par couper l'eau du robinet quand tu te brosses les dents, avant de tenter la traversée du Pacifique » me diraient quelques esprits chafouins.
[19] Je te l'ai entendu dire, Thierry, sinon je ne me permettrais pas

objectifs, mais non impliqués directement dans l'organisation[20].

Voilà donc deux objections qui trouveront parfaitement leur place dans les sous-chapitres « sujets à éclaircir » ou « pistes à explorer ».

## <u>*Les intuitions à challenger*</u>

Vous êtes tous les deux bons skieurs je crois. Vous vous souvenez donc, je pense, que pour dévaler une piste avec plaisir et en toute sécurité, il faut franchir un cap psychologique au moment de l'apprentissage. C'est celui d'accepter de se jeter dans la pente. Tout notre corps nous dit qu'il est déraisonnable de faire cela, que l'on va mourir si l'on se jette dans le vide. Mais une fois que l'expérience a été tentée et réussie, nous pouvons commencer à nous amuser.

Nous sommes tous nourris de croyances, d'intuitions et de convictions qui nous permettent de survivre mais qui nous empêchent aussi d'avancer.

---

[20] Qu'ils soient détenteurs des clés du hangar ou non

A ce propos, j'ai semé des navets jaunes la semaine dernière, dans mon espace expérimental de permaculture et, malgré ma réputation autoproclamée de piètre jardinier, ça commence à pousser ! Je rentre du jardin à l'instant où j'ai pris cette photo.

Des heures de désherbage, de nettoyage, de paillage, de semis, juste pour illustrer le fait qu'il est important de challenger nos intuitions ou nos convictions avant de baser nos raisonnements, nos actions ou nos inerties sur lesdites convictions et intuitions.

Nous avons tous nos arrogances ...

En même temps je fais d'une pierre deux coups. J'aime beaucoup les navets et il n'y a rien de meilleur qu'une tomate fraîchement cueillie. De plus, si je parviens au bout de cette expérimentation, je serai probablement « fier comme un bar-tabac »[21]. Je suis donc gagnant sur tous les plans, voire même sur tous les plants.

Thierry, dans ton discours revient souvent l'idée de ton impuissance à réaliser des choses utiles ou à comprendre ce que disent ou écrivent les gens. C'est pour moi, ce que Philippe appelle « une croyance limitante ». Sur ton militantisme en faveur de la démocratie directe, tu m'écrivais dans un chapitre précédent :

*« ... j'ai essayé de convaincre des gens (pas réussi à en foutre un dans mon escarcelle, je n'ai réussi à convaincre que des convaincus) et je me suis même emporté avec*

---

[21] Expression attribuée généralement à Coluche qui a probablement dû la piquer à quelqu'un.

114

*d'autres. Tu en sais quelque chose, nos échanges étaient houleux ! »*

Oui nos échanges étaient houleux Thierry. Mais si, à l'époque, je n'étais pas contre le principe de démocratie directe, je n'étais pas non plus très intéressé par le sujet. Nous ne sommes toujours pas, aujourd'hui, d'accord à 100% sur ce thème mais tu as, sans aucun doute, fait bouger ma vision sur la nécessité d'aller plus rapidement dans cette direction. Philippe, lui, est probablement en train de faire lentement glisser, non pas mes convictions, mais plutôt mes comportements en matière de développement durable.

Ce ne sont pas votre engagement, votre militantisme ou vos actions concrètes qui parviennent à me convaincre, c'est tout cela additionné au fait que nous sommes amis.

L'une de mes intuitions, basée sur l'expérience, est donc la suivante : « Pour convaincre les gens de quelque croyance que ce soit, il est nécessaire de les aimer et de se faire aimer d'eux ». Cette intuition peut probablement être démontrée. Au stade de nos connaissances, il n'est sans doute pas compliqué de trouver une explication neurochimique à ce phénomène. Encore faudrait-il réaliser les recherches.

Et si celles-ci démontraient qu'il n'y a pas de rapport entre les liens affectifs et le pouvoir de conviction, il me faudrait, à l'encontre de mes réflexes les plus ancrés, abandonner l'utilisation de cette croyance dans mes raisonnements.

Ce serait difficile.

D'autant que j'ai d'autres intuitions induites par la première.

« Le processus de conviction d'un individu tel que décrit précédemment est long. » Or, quand on parle de développement durable, il s'agit de faire changer les comportements de milliards d'individus. Et cela, bien-sûr, dans un délai court.

Philippe, tu me disais il y a quelques temps, que ton espoir résidait dans le fait que chacun finisse, en pleine conscience, par se rendre compte de la situation et de l'urgence dans laquelle nous nous trouvons. Les recherches que j'évoquais précédemment pourraient, sur un malentendu, nous faire finalement découvrir le moyen d'accélérer le processus de conviction de nos congénères. Mais je n'y crois pas beaucoup.

Ce que je crois en revanche, c'est qu'il faut que nous continuions à tenter de convaincre ceux qui nous aiment et ceux que nous aimons. C'est aussi qu'il est vain de chercher à retourner ceux qui s'opposent à nos idées. Mais ce que je crois, surtout[22], c'est que tout se joue sur l'immense majorité des gens qui n'ont pas de conviction.

Ceux-là, il sera compliqué de les persuader en un temps réduit. Le comportement de beaucoup d'entre eux est dicté par des habitudes, des réflexes, des traditions ou par des organisations qui nuisent clairement à l'objectif d'un « avenir durable, fraternel et joyeux » de l'humanité.

De mon point de vue, il faut influencer leurs comportements sans nécessairement chercher à éclairer leurs consciences. Il ne s'agit pas de tenter de les manipuler par des stratagèmes subtils, des manœuvres honteuses ou actions clandestines. Il est possible d'être parfaitement transparent sur la façon dont on opère.

---

[22] Et qu'il me faudra donc aussi challenger

D'ailleurs, les procédés utilisés aujourd'hui par le marketing ou le commerce pour influencer le comportement des personnes n'ont rien de secret.

L'idée générale, très schématique et très naïve, est de propulser au sommet de la pyramide sociale, des champions d'un monde durable, fraternel et joyeux en remplacement des individus égoïstes, arrogants et au bilan carbone indécent, qui y bivouaquent actuellement.

Greta Thunberg est l'une de ces nouvelles figures.

Elle tire sa légitimité de son militantisme certes. Mais si les mômes la suivent, c'est d'abord parce que c'est leur championne et qu'ils peuvent s'identifier à elle. Je ne suis pas certain que ce soit toujours par une prise de conscience écologique démesurée.

A propos des Canadairs,

- Philippe se demande comment nous pourrions neutraliser les barrages aux abords de l'aéroport.
- Thierry dit qu'il veut bien participer à l'opération mais pas avec son slip comme seule protection et une épingle à nourrice comme seul arsenal.

- Et moi je prétends qu'il n'est pas raisonnable de se lancer dans une telle aventure et qu'il est urgent de s'arrêter pour évaluer la situation.

Pendant ce temps-là, la petite Greta se balade sur le tarmac en demandant aux vigiles s'ils ne pourraient pas se manier un peu de tourner la clé dans le cadenas du hangar vu qu'elle n'a pas que ça à faire.

C'est de la mécanique newtonienne face à ... autre chose que nous ne comprenons pas encore.

Emmanuel Macron invite la gamine à l'Assemblée Nationale. L'ONU lui propose de s'exprimer publiquement face aux dirigeants du Monde. Certains viennent en courant, avec le sourire et avec le trousseau de clés à la ceinture. Malgré cela, elle continue de leur administrer des branlées monumentales. Manu ne comprend pas une telle injustice.

Mais ne nous moquons pas trop de lui. Les avoinées suédoises nous sont à nous aussi destinées. Pas à notre génération, non, non. A toi Philippe, à toi Thierry et à ma pomme aussi.

Sur ce, je vais arrêter d'essayer de faire du rangement parce que plus j'avance, plus tout devient confus.

# Les amis de Greta

*Marc, le 01 octobre 2019*

Que se passe-t-il dans la tête de tous ces gamins qui soutiennent Greta Thunberg ?

Ont-ils soudainement, à la suite de ses discours, de ses actions, pris profondément conscience des dangers qui nous menacent ? Ont-ils atteint le degré de panique qu'elle nous réclamait dernièrement à Davos ? Ont-ils été touchés par la grâce d'une forme de vertu écologique ?

Je n'en sais rien et, même si je suis parfois sceptique, je n'ai certainement pas le droit de douter de leur sincérité.

Que ces jeunes l'aiment, c'est vraisemblable. Qu'elle les aime, je ne sais pas ... Ils sont si nombreux.

En tous les cas, tout cela n'a rien à voir avec l'amitié qui nous lie tous les trois et qui me fait petit à petit, glisser vers vos opinions.

Pourtant, elle parvient à leur faire passer ses convictions. Et à vitesse supersonique qui plus est. Est-ce que celles-ci seront définitivement ancrées dans leurs vies ?

Là encore, je ne le sais pas.

J'ai le sentiment que ce qui fait basculer si rapidement tous ces gens vers elle relève de mécanismes primaires, peut-être pas reptiliens mais très anciens tout de même. Ceux que j'évoquais dans ma fabulette « Pierre et Dopamine ».

La délivrance de dopamine par nos cerveaux a, semble-t-il, un lien très étroit avec tout ce que nous convoitons.

- La nourriture
- La connaissance
- Les rapports sexuels
- Les solutions faciles
- Le pouvoir ou la reconnaissance sociale

En ce qui concerne le pouvoir, je comprends que notre pompe à dopamine se met à accélérer au moment où nous avons le sentiment que nous allons franchir quelques échelons dans l'échelle sociale. Elle s'emballe à chaque fois que nous sommes sur le point d'exercer notre domination sur quelqu'un d'autre pour faire simple.

Etonnamment, elle se met en marche de la même façon lorsque nous assistons aux victoires de ceux auxquels nous nous identifions. Quand notre équipe de football gagne par exemple.

J'ai l'impression que c'est un peu ce qui se passe avec les afficionados de Greta. Mais encore une fois, ça n'enlève rien à leur conscience ou à leur sincérité.

Il existe apparemment un second neurotransmetteur qui emprunte les mêmes circuits neuronaux que la dopamine et qui est en lien avec l'aversion ou le dégoût. Mais je manque de culture sur le sujet.

Nous voici donc en présence d'un étrange cocktail fait de dopamine, d'un autre neurotransmetteur dont j'ignore tout, de convoitise, de dégoût et de domination. Il faut ajouter d'autres éléments à cette tambouille :

- La dopamine joue un rôle important dans les processus d'apprentissage
- Elle permet de mémoriser ce qui fait du bien et ce qui fait mal

- Même au repos, le noyau accumbens libère de la dopamine à raison de 1Hz[23]

Nous devrions bien arriver à extraire une constante de Kuhn de cet infâme mélange, non ?

---

[23] Une fois par seconde.

# Retour au canapé



Bon ben, les garçons, je ne voyais pas les choses comme ça mais je pense que Philippe a raison. J'ai terminé mon introduction.

Depuis quelques années, je vous regarde vous inquiéter, vous débattre, vous investir, pour essayer de laisser à nos gamins un monde dans lequel ils pourront exister et se réaliser.

Philippe agit.

Avec le sens logique qui le caractérise, il bâtit des navires et prend la mer. En équipage bien-sûr. L'expérience lui a appris que pour aboutir, ce genre de projet ne pouvait être que collégial.

Thierry est aujourd'hui tétanisé devant l'ampleur et la complexité de la tâche.

Mais lui aussi a essayé et il est probable qu'il essaiera encore.

Moi, je suis passif.

Pas complètement endormi, disons plutôt en état de veille paradoxale. J'essaie de comprendre les constantes de ce monde. Je ne sais pas si c'est très utile mais ce qui est certain, c'est que ce n'est pas aussi simple qu'il n'y paraît.

Je trouve vos navires magnifiques.

Mais après nos échanges de cette année, j'ai compris que je ne naviguerai probablement jamais avec vous. Tu l'as fort bien souligné Philippe. Monter sur un bateau puis, alors que l'on n'a jamais, de sa vie tout entière, quitté le plancher des vaches, mettre en cause le mode de propulsion de celui-ci, c'est la garantie de se faire lyncher par l'équipage.

Ça ne me tente pas vraiment.

Dans mes égarements les plus absurdes, je me vois participer à l'écriture d'une théorie de mécanique chimérique qui permettrait de faire voler vos goélettes sur des hydrofoils pour atteindre des vitesses qu'aucun réacteur à énergie pétrolifère ne permettrait d'envisager.

Dis comme cela, je sais bien que ça peut faire un peu peur. Je comprendrais que vous n'ayez ni l'envie, ni le temps, ni la foi pour me suivre dans ces délires.

Mais moi je m'y essaierai sans doute encore un petit peu avant de me rendormir définitivement sur mon canapé.

# Convention citoyenne pour le climat

*Thierry, le 10 octobre 2019*

Hop, un peu d'espoir ...

Loïc Blondiaux, un type très intéressant (il était déjà dans l'excellent film « J'ai pas voté »). Et maintenant, il passe sur France inter à une heure de grande écoute :

**Sur l'internet : L'invité de 8h20 – le grand entretien – 08 octobre 2019**

Un nouveau monde peut être ?

En tout cas, on va surveiller de près ... l'issue de cette convention.

*Marc*

Oui je n'ai pas pu tout écouter mais je suis tombé dessus cette semaine. Ça avait l'air intéressant.

*Philippe*

Hello.

Et sinon il y a XR[24] qui fait un peu de grabuge festif à Paris !
☺

(Et ailleurs !)

Biz.

*Thierry*

Blondiaux en parle dans l'émission.

---

*Marc*

***Sur l'internet : conventioncitoyennepourleclimat***

--

**La Convention Citoyenne pour le Climat, c'est quoi ?**

**Pour la première fois, un panel décrivant la diversité des citoyens et citoyennes françaises directement impliqués dans la préparation de la loi.**

*La Convention Citoyenne pour le Climat, expérience démocratique inédite en France, a pour vocation de donner la parole aux citoyens et citoyennes pour accélérer la lutte contre le changement climatique.* **Elle a pour mandat de définir une série de mesures permettant d'atteindre une baisse d'au moins 40 % des émissions de gaz à effet de serre d'ici 2030 (par rapport à 1990) dans un esprit de justice sociale.**

*Décidée par le Président de la République, elle réunit cent cinquante personnes, toutes tirées au sort ; elle illustre la diversité de la société française.*

**Ces citoyens s'informeront, débattront et prépareront** des projets de loi sur l'ensemble des questions relatives aux *moyens de lutter contre le changement climatique. Les séances plénières seront retransmises sur ce site.*

*Le Président de la République s'est engagé à ce que ces propositions législatives et réglementaires soient soumises "sans filtre" soit à référendum, soit au vote du parlement, soit à application réglementaire directe.*

--

*Marc*

Thierry, Philippe,

J'ai commencé à m'informer plus sérieusement sur cette initiative de « convention citoyenne pour le climat ».

C'est effectivement très intéressant.

On retrouve dans l'organisation plusieurs personnes que vous citez parfois dans nos discussions. Loïc Blondiaux mais aussi Cyril Dion par exemple.

Tout cela est construit autour d'un panel de citoyens tirés au sort, dans une démarche et des structures de démocratie participative. On évoque ici quelques-uns de vos chevaux de bataille et plus particulièrement des tiens, Thierry.

Je me suis beaucoup exprimé dans notre « Grimoire des 3 pépères ».

Il est temps que vous preniez un peu le relais les gars. 😉

@+

*Thierry*

Il y a encore deux ans, lorsque je militais, je n'osais même pas parler du tirage au sort tellement les gens te prennent pour un fou à sa simple évocation. Etienne Chouard nous prône ça depuis des lustres.

La seule, la vraie, l'unique « démocratie », c'est par le sort et non les urnes.

J'ai vraiment envie d'y croire. Il faut promouvoir cette convention.

Car au mieux ça marche, au pire, ils nous chient dans les bottes comme d'hab, et ça aura le mérite de faire monter la colère.

*Marc*

C'est intéressant ce que tu soulignes ici.

Ça prouve que même quand on n'a pas l'impression d'être entendu, tout ce que l'on exprime finit par infuser. A la condition bien sûr de ne pas être en conflit définitif avec ceux qu'on cherche à convaincre. 😉

# Colibrius

*Marc à Philippe, le 13 octobre 2019*

*Attention, le présent chapitre peut contenir une petite dose de provocation. Mais je sais avec qui je peux me le permettre ... (enfin j'espère).*

Philippe, tu nous as parlé il y a quelques jours de différents courants alternatifs qui tentent, chacun selon leur vision, de remédier à la situation de crise démocratique, sociale et écologique qu'ils diagnostiquent. Celle-là même que nous évoquons de près ou de loin depuis que nous avons débuté nos échanges. Ces différents mouvements cherchent aujourd'hui à coordonner leurs approches et leurs actions. Cela devrait me réjouir et pourtant, pour une raison qui m'échappe encore en partie, je ne parviens pas à me féliciter de cela.

Quand je détaille les constats, les approches et même les opinions des uns et des autres, je ne m'y retrouve pas toujours. Des adeptes de Programmation Neuro Linguistique me diraient probablement que les termes utilisés par les représentants de ces mouvements orient négativement ma perception de leur discours. Le fait est que leur lecture ou leur écoute fait aussi bien fonctionner ma « pompe à dopamine » que ma « pompe à aversion ».

Mais étant, comme toi, persuadé que l'intelligence collective est la plupart du temps[25] plus efficiente que l'intelligence individuelle, je devrais savoir passer outre mes réserves.

Alors, quand je vois tous ces gens en résistance tenter de trouver une voie commune, je cherche à comprendre ce qu'il y a de nouveau dans leurs procédés ou dans leurs attitudes, qui fera que les erreurs du passé ne seront pas reproduites.


*5, 4, 3, 2, 1 ... Provocation !*


Eh bien je ne trouve pas grand-chose à me mettre sous la dent. Je ne vois pas ce qui aujourd'hui, permettrait de penser qu'une telle coalition, si elle réussissait, serait

---

[25] Pas toujours ; l'histoire est pleine de contrexemples. Voir l'excellente vidéo de Léo Grasset sur la chaîne Youtube Dirtybiology,
« Pourquoi le PQ est sous-optimal (et comment le réinventer) »

capable d'éviter, demain, les écueils les plus prévisibles.

Luttes d'influence fratricides, régime des partis, démocratie molle, omniprésence de l'argent (le nerf de la guerre).

Dans les différents états-majors sont sans doute déjà présents les Jacques Chaban-Delmas, les Michel Debré, les Georges Marchais, les Gaston Defferre, les Henri Krasucki, les Charles Pasqua, les Simone Veil, les François Mitterrand[26] de demain[27].

Qu'est-ce qui pourrait bien faire que ceux-là ne reconstruisent pas demain le même monde que celui qui cafouille aujourd'hui ?

Si tu as une idée, je suis preneur parce que moi, je suis sec sur le sujet.

*Fin de la provocation.*

---

[26] Je m'en tiens ici à quelques exemples français.
[27] Avec un peu de chance, la proportion de femmes dans les groupes d'aujourd'hui n'est plus la même qu'autrefois ; mais je ne parierai pas là-dessus.

Je crois que petit à petit, je vais me ranger à ton intuition initiale. Celle du petit colibri qui essaye simplement de faire sa part pour éteindre l'incendie.

# Les neurHommes

*Marc, le 26 octobre 2019*

Il y a un peu moins de 100 milliards de neurones dans le corps de chacun d'entre-nous. Principalement dans nos cerveaux mais pas uniquement.

100 milliards de neurones ! Ohhhhhhhhhh, ben ça alors !

Chacun de nos neurones est en contact avec plusieurs milliers de ses semblables au travers de zones de contact appelées synapses[28]. Et dans ces zones de contact transitent des messages véhiculés par des neurotransmetteurs. La dopamine qui nous a déjà accompagnés dans un précédent chapitre est l'un de ces neurotransmetteurs. Mais ce n'est pas le seul, loin de là, puisqu'à ce jour, nous en avons semble-t-il, identifié une bonne soixantaine.

Lorsqu'un neurone réceptionne les messages émis par l'une de ses connaissances, il choisit, soit de rester au

---

[28] En moyenne chaque neurone est habillé de 10 000 synapses… et parfois de beaucoup plus

repos, soit de s'agiter. Et s'il choisit de s'agiter, il se met à émettre d'autres messages vers les milliers de neurones avec lesquels il partage ses synapses. De ces discussions résultent nos mouvements, nos pensées, nos réflexions, nos choix, notre créativité, nos rêves, nos mots, nos actes, notre libido et bien d'autres choses encore qui participent du déroulement de notre vie.

Longtemps nous avons supposé que ces palabres entre neurones se tenaient dans des lieux géographiques dédiés de notre cerveau ; qu'il existait un parlement de la parole dans le nord, un autre pour la motricité en banlieue, un troisième pour l'imaginaire sur la côte par exemple. Nous savons aujourd'hui que ce n'est pas tout à fait vrai et que les décisions se prennent aux endroits où le débat se tient. Autrement dit, si le bâtiment est fermé pour cause de travaux ou d'incendie, les décisions peuvent se prendre sous un barnum dans la cour ou carrément ailleurs, dans d'autres bâtiments. D'autre part, nous savons aussi que, bien souvent, les conversations se tiennent simultanément dans différents endroits.

Tout cela est assez bien pensé, finalement.

Pour autant, la qualité des échanges entre neurones n'est pas toujours optimale. Les débats sont tantôt pauvres, tantôt riches, tantôt houleux, tantôt apaisés, tantôt dévastateurs, tantôt constructifs, tant et si bien qu'il arrive parfois, que certains messages deviennent surabondants et que d'autres ne soient plus suffisamment véhiculés.

Ces carences ou surdosages de neurotransmetteurs dans certains échanges neuronaux provoquent chez l'être humain de réelles maladies. Parkinson, Alzheimer, Huntington par exemple. Mais aussi dépression, agressivité et même suicide des personnes touchées.

Tout cela est certes passionnant mais, à l'échelle d'une population de 100 milliards de neurones, cela devient d'une complexité qui m'est difficilement accessible.

Pour essayer d'y voir un peu plus clair, je vais appliquer les préceptes de l'un de mes vieux[29] professeurs de faculté. Je veux parler de Guy Chouraqui, que tu as eu la chance de croiser toi aussi, Philippe.

______________________________

[29] C'était il y a une trentaine d'années et il devait avoir à l'époque, l'âge que nous avons aujourd'hui.

Guy, donc, nous avait appris au cours de l'une de ses multiples interventions, que pour résoudre un problème complexe, il fallait tout d'abord tenter de le simplifier.

Remplaçons donc nos 100 milliards de neurones par une population bien moindre de 10 milliards d'êtres humains.

Considérons que chacun d'entre eux côtoie environ 200 personnes[30] vers lesquelles ils envoient divers messages. Ces personnes réceptionnent lesdits messages au travers de leurs 5 sens[31].

Une part importante de ces messages transite par la parole et par le langage. Et tout comme il n'existe que quelques dizaines de neurotransmetteurs dans le langage neuronal, il n'existe que quelques dizaines de sons dans les langues pratiquées par les êtres humains.

Bon ben voilà, ... que vais-je faire de mes 10 milliards de quidams maintenant ? Et que vaut cette hypothèse qui

---

[30] C'est paraît-il notre capacité relationnelle maximale hors, bien-sûr, réseaux sociaux et faux-amis relatifs à ceux-ci.
[31] 5 sens oui ; mais, tout comme nos prédécesseurs soupçonnaient l'existence des trous noirs sans en avoir vraiment la preuve, certains de nos contemporains font le pari d'un sixième sens qui ressemblerait à de la télépathie.

considérerait qu'un individu pourrait être un neurone de l'humanité ?

Dans l'excellent livre de Lionel et Karine Naccache, « Parlez-vous cerveau ? »[32], Lionel relate une expérience que son confrère Giacomo Rizzolatti a mené avec son équipe en 1980. Afin de ne pas trop déformer leur sens, je reprends ici les mots exacts publiés dans l'ouvrage.

--

*Spécialistes de l'étude de la prise de décision des primates, Rizzolatti et ses compères étaient en train d'enregistrer l'activité d'un neurone du cortex d'un singe, à l'aide de microélectrodes enfoncées dans le cerveau de l'animal. Ce neurone s'activait à chaque fois que le singe tendait son bras pour saisir une cacahuète posée devant lui et qu'il l'amenait vers sa bouche. Autrement dit, ce neurone ne commandait pas un muscle précis du bras, de l'avant-bras, de la main ou de la bouche du singe, mais il codait pour l'intention motrice de l'ensemble du geste.*

---

[32] 2018, Coédition Odile Jacob / France Inter

*C'est alors qu'un des chercheurs, situé face au singe, tendit sa propre main pour saisir une cacahuète. Surprise ! Le neurone enregistré se mit à s'activer exactement de la même manière que lorsque c'était le singe qui réalisait cette action volontairement ! Ce neurone répondait donc à la fois à l'intention motrice du singe et à celle du chercheur. Une sorte de miroir entre les intentions du singe et celles de ses congénères (ou plutôt celles de ses cousins humains). D'où l'appellation de neurone miroir.*

*Depuis, des milliers de neurones miroirs ont été enregistrés chez des primates, puis plus récemment chez des humains porteurs d'électrodes intracérébrales dans le cadre d'un bilan préchirurgical.*

--

Dans notre cerveau, chacun de nos neurones est en contact, au travers de ses synapses, avec des milliers de ses semblables. Ce que relatent ici les Naccache tend à démontrer que certains neurones[33] sont aussi en contact

---

[33] Tous ?

direct avec les neurones miroirs des individus qui nous entourent.

L'expérience de Rizzolatti démontre, à mon sens, que nous sommes les éléments d'un organisme vivant bien plus important que notre simple personne ; et plus vaste même que l'humanité.

Je trouve cette idée vertigineuse !

Mon hypothèse de considérer chacun d'entre nous comme un neurone de cet organisme – appelons-le Jean-Pierre - n'est donc pas aussi absurde que cela.

Je poursuis mon raisonnement.

Nous savons que la carence ou la surabondance de certains neurotransmetteurs dans son organisme provoque des maladies chez l'humain. Peut-on, de la même façon, considérer que la surabondance ou la carence de certains messages que nous véhiculons contribue à rendre Jean-Pierre malade ? Je ne sais pas aujourd'hui comment le démontrer mais j'ai tendance à le croire.

En tous les cas, voilà une piste à explorer.

Mais revenons un instant sur la convention citoyenne pour le climat. L'annonce de cet événement est un stimulus qui a, sans aucun doute, mis en action nos neurones ; les tiens Philippe, les tiens Thierry et aussi les miens.

Les mots climat, durable, Cyril Dion, démocratie participative, tirage au sort, les ont sans aucun doute décidés à s'agiter.

Le mot Macron aussi a eu une influence.

Peut-être a-t-il suggéré à mes neurones de ne pas réagir puisque le fait qu'Emmanuel Macron revendique l'initiative de cette convention n'est pas pour moi une information cruciale. Mais peut-être aussi que le mot Macron a eu un effet différent sur vos neurones, je ne le sais pas.

Un résultat de toute cette activité neuronale se traduit dans les échanges que nous retranscrivons dans ce petit bouquin.

Thierry, tu écris par exemple :

*« J'ai vraiment envie d'y croire. Il faut promouvoir cette convention.*

*Car au mieux, ça marche, au pire, ils nous chient dans les bottes comme d'hab, et ça aura le mérite de faire monter la colère. »*

Tu envoies donc un double message à ceux qui te liront.

1- Soutenons cette initiative
2- Ça ne marchera jamais, continuons à combattre ces salopards auxquels il ne faut pas faire confiance

Je ne sais pas bien ce que les neurones de Jean-Pierre feront de ça ...

Pour ma part, je n'ai que très peu parlé de la convention citoyenne pour le climat autour de moi.

Et vous ?

# Nos egos

*Philippe à Marc, le 27 octobre 2019*

Hello.

Je ne connaissais pas l'origine de cette « idée » de neurones miroirs mais c'est un terme qui est aujourd'hui assez tendance dans le monde du développement personnel / coaching / facilitation ...

Et je me rappelle la première fois que j'en ai entendu parler par un copain qui était alors devenu hypnothérapeute après être passé avec succès par le commerce international.

Il me disait qu'il s'était lassé de cette activité parce qu'avec sa maîtrise des techniques d'interprétation / manipulation (l'observation du mouvement des yeux lorsque l'interlocuteur s'exprime, notamment - le nom de la technique m'échappe ...) lui permettait de faire signer ses clients trop facilement ...

Depuis, donc, il est devenu hypnothérapeute, ce qui peut faire froid dans le dos, mais il est aussi habité par de très belles valeurs, maintenant !

On est bien passé par la case « marchands de biens », non ?

Certains pensent même que ces neurones miroirs pourraient être une des raisons du « succès » de l'humain sur la planète ! Car ils lui permettent de se lier émotionnellement à ses congénères, donc de partager ses souffrances et ses joies et donc de construire encore et encore plus d'organisations humaines, de plus en plus grandes, de plus en plus complexes, de plus en plus interreliées.

Il est alors amusant d'apprendre que la découverte est arrivée par les autres primates, qui en sont donc pourvus aussi !

Ton idée, Marc, de super organisme de l'ensemble de l'humanité est fascinante et elle m'a déjà traversé l'esprit aussi il y a quelques dix ans, je crois.

Et elle est totalement d'actualité :

Je me dis que si l'humain a un avenir, c'est à la condition que ses individus apprennent littéralement à fonctionner ensemble, ce qui est bien au-delà de ce que tout ce qu'on connaît et pratique aujourd'hui, y compris dans les organisations « avant-gardistes ».

Aujourd'hui, au mieux, des individus coopèrent, mus par des valeurs communes, habités par un même rêve, tendus vers une même vision. Tu rajoutes trois nouvelles personnes dans le truc, totalement attirées par les mêmes rêves, valeurs et vision, ils te remettent pourtant en question tout l'édifice patiemment construit, en s'arc-boutant sur 5% de détails qui finissent par occuper 95% du temps de discussion.

C'est en gros l'expérience actuelle d'Euroasis !

Nous n'en avons pas fini avec nos egos ...

Et, dans mon esprit, quand je parle de « fonctionner ensemble », ce n'est pas telle une meute de loups où chaque individu conserve son rang, acquis souvent par lutte, ni même comme une colonie de fourmis qui est prête en permanence à affronter à mort la colonie voisine mais plutôt comme un organisme vivant où chaque organe a sa place et son unicité.

Le foie ne se pose jamais la question comment il pourrait conquérir la place du cerveau ni si l'estomac n'a pas une préférence pour le cœur ...

Ce concept de super organismes commence, me semble-t-il, à apparaître.

Et certains considèrent que les forêts en sont.

C'est le stade abouti d'un espace naturel non géré par l'humain sous nos latitudes.

Elles ont le meilleur rendement de biomasse à l'hectare qui soit, elles sont « éternelles » et totalement interconnectées par des multitudes de liaisons : bactéries, insectes, faunes diverses, champignons, phéromones, ...

Elles ne produisent pas le moindre déchet. C'est une récente invention humaine, le déchet !

Et, sans très bien le connaître, Lovelock parlait déjà de ce super organisme dans l'hypothèse Gaïa, appliqué à la planète entière cette fois-ci, il y a quelques 50 ans ...

Qu'est-ce qui fait qu'un système de super organisme pourrait émerger d'une multitude d'individus, je n'en ai pas la moindre idée ... et est-ce que c'est déjà arrivé, je n'en sais rien non plus !

La seule piste (ou espoir ?) que j'y vois, c'est l'élévation du niveau de conscience de ces individus, accéléré par une menace forte et urgente qui impose une espèce de mutation plutôt qu'une évolution ...

Est-ce souhaitable ? Mystère aussi ... ☺

Et pour ce qui est de la convention citoyenne, oui, j'en parle à la moindre occasion. J'y vois une belle innovation radicale qui pourrait bien suppléer au courage qui manque à nos dirigeants et aux innombrables verrous qui les bloquent. Bravo à Cyril Dion (et sans doute beaucoup d'autres !) pour cette fulgurante intelligence, bien au-delà des luttes politiques, syndicalistes, associatives, ...

Même si ce n'est sans doute qu'une des premières marches sur l'escalier de l'immense tour de la démocratie !

# L'autre loi de la jungle

*Marc à Philippe, le 27 octobre 2019*

Philippe, le fait que tu cites la forêt en exemple de super-organisme m'interpelle.

*Réponse de Philippe*

Oui, c'est une interprétation très personnelle qui ne tient peut-être pas 2 secondes face à des spécialistes ...

*Marc*

Certes, ce qu'elle a de remarquable, est qu'elle sait recycler ses déchets[34]. Elle peut donc, à ce titre, être riche d'enseignements.

Cependant, pour assurer sa survie, la forêt est redoutable. Et, même quand elle se porte bien[35], le sort des individualités qui la compose n'a rien d'idyllique. Elle

---

[34] Celui que j'appelle Jean-Pierre ne parvient pas à le faire et risque de finir par en crever.
[35] Ce qui, avec ou sans intervention humaine, n'est pas toujours le cas.

est un espace de concurrence absolue dans lequel les individus les plus faibles sont laminés et dans lequel règne la hiérarchie la plus impitoyable.



Ouais, ça, ça fait débat aujourd'hui :

Parce que Darwin a effectivement parlé de ce que l'on appelle la fameuse « loi de la jungle » mais, à priori, il a aussi parlé déjà à l'époque de l'autre loi de la jungle, à savoir la coopération ... et rien ne dit aujourd'hui que ce n'est pas la deuxième qui prédomine, si cela a un sens ...

Alors pourquoi, la première a été tellement célèbre et la deuxième totalement oubliée ?

Certains disent que l'histoire des hommes a retenu cela parce que ça permet de justifier les rapports de domination qui seraient « inéluctables » entre humains. Puisque c'est une loi naturelle ...

Lire Pablo Servigne à ce sujet : la coopération, l'autre loi de la jungle.

*Marc*

Tout ce que tu détestes.

*Réponse de Philippe*

C'est très anthropocentré ta remarque ...

Le bien le mal, tout cela !

On oublie un peu vite que nos valeurs absolues d'aujourd'hui (humanisme, liberté, égalité, fraternité, droits de l'homme) et donc les miennes ! ne sont que celles de notre civilisation actuelle (et même pas universelles !), que c'est notre « religion » actuelle (au sens de ce qui nous relie) et qu'un jour il y en avait d'autres et qu'un jour il y en aura encore d'autres ...

*Marc*

C'est intéressant ce commentaire. Cela signifie sans doute que les valeurs d'humanisme qui sont les nôtres ne peuvent être considérées comme des constantes sociales. Il est donc dangereux de les utiliser pour élaborer une théorie de la « société idéale ».

Oui, complètement, pas de constante ! Ni sans doute de société idéale ... juste ce qu'on peut faire de mieux avec ce qu'on a aujourd'hui (et là je parle de notre niveau de conscience).

À lire d'urgence : Harari - homo sapiens et suivants ... pour « notre » religion actuelle.

Et quelques articles ou bouquins sur la spirale dynamique pour les évolutions de nos niveaux de conscience ...

*Marc*


A propos de Yuval Noah Harari, j'ai lu « 21 leçons pour le XXIe siècle ». C'est intéressant, en effet. Même si le problème de ce type de bouquin est que l'ambition universelle de l'exercice fait que la pertinence n'est pas toujours la même selon le sujet abordé.

Un peu comme notre Grimoire des 3 pépères ...


Je comprends du dernier chapitre que vous êtes un peu dans le dur à l'Euroasis. Mon copain Nico, avec lequel je joue au squash, prétend que si tu ne lâches pas l'affaire dans ces moments où rien ne fonctionne, tu progresses. Et comme c'est un ancien handballeur de haut niveau, j'ai tendance à le croire.



Ça tombe bien, je m'éclate toujours et n'ai pas l'intention de lâcher. Et pour moi, ces frottements font partie du chemin ... c'est absolument fascinant ...



Je ne sais pas si ça va te servir beaucoup mais j'aimerais te poser quelques questions au sujet de ces difficultés. Elles n'appellent d'ailleurs pas forcément de réponses.

-   La bataille des egos que vous vivez actuellement met-elle en péril la raison d'être de votre projet ?



Il se trouve que si j'ai un rôle spécifique à tenir ici en tant que premier lien du cercle général c'est de veiller sur la raison d'être de l'organisation. Et donc non, pour moi ce qui est en péril, c'est le fait que certaines personnes très actives et efficaces partent ou restent ...

*Marc*

- Autrement dit, votre projet est-il malade dans sa globalité ou sont-ce simplement les membres de votre confrérie qui vivent douloureusement le présent ?

*Réponse de Philippe*

2ème option donc ...

*Marc*

- Si votre projet est malade, peut-on identifier dans vos échanges des carences ou des surdosages de certains messages ?

Je tire bien entendu ici un parallèle avec les carences et surdosages de neurotransmetteurs qui provoquent des maladies chez l'humain. Je vais essayer d'illustrer cela.

La maladie d'Alzheimer est associée à des carences de neurotransmetteurs dans certaines zones du cerveau. L'acétylcholine et le glutamate je crois, mais je suis loin d'être un référent sur ce domaine.

Ce que je soupçonne, c'est que le manque de certains messages dans nos groupes sociaux peut rendre malades lesdits groupes.

Je prends l'exemple d'un groupe de trois individus :

- o Le premier est porteur du message suivant :

  « L'intelligence collective de notre groupe sera toujours plus efficace que l'addition de nos trois intelligences »

- o Le deuxième exprime ceci :

  « Un verre de bon vin est encore meilleur lorsqu'il est partagé avec des amis »

- o Le troisième dit :

  « L'engagement collectif est porteur d'accomplissement personnel »

Chacun des trois utilise un ton péremptoire tant et si bien que les messages reçus par les deux autres sont les suivants :

- o « L'intelligence collective de notre groupe sera toujours plus efficace que l'addition de nos trois intelligences, bande de cons ! »
- o « Un verre de bon vin est encore meilleur lorsqu'il est partagé avec des amis. Si vous ne savez pas ça, vous êtes vraiment des blaireaux ! »
- o « L'engagement collectif est porteur d'accomplissement personnel. Vous n'êtes vraiment que deux imbéciles ! »

Chacun répond aux deux autres :

- o « Mais c'est toi qui es un gros con, prétentieux et arrogant ! »

Si l'on fait, à cet instant, un relevé des messages qui animent le groupe, on trouve beaucoup de défiance et très peu de fraternité. Pourtant les trois messages de départ sont porteurs de cette notion sous-jacente de fraternité.

Oui, certains de nos échanges pourraient bien un peu ressembler à cela ... en toute bienveillance, évidemment !!! 🐣 Et pourtant oui, nous partageons l'essentiel des valeurs, de la vision et la raison d'être de l'Euroasis !! Et en plus on a des outils pour déjouer ces « mécanismes souterrains » pervers et suicidaires ! Étonnant non ?

*Marc*

- Si ces carences et surdosages existent, pouvez-vous travailler à rééquilibrer tout cela en portant attention aux messages que chacun d'entre vous émet ?

*Réponse de Philippe*

Oui, c'est une préoccupation permanente ... et en même temps, disait l'autre, nous sommes des êtres d'émotions ! Et d'egos !!

*Marc*

Sur un autre thème :

- L'holacratie que vous pratiquez vous aide-t-elle à surmonter les difficultés actuelles ?

*Réponse de Philippe*

Oui de mon point de vue. Ça a l'air robuste !
Et ce n'est sans doute pas ce que te répondront ceux qui y voient une des causes de nos incompréhensions.

*Marc*

- Si non, pourquoi ?
  - Parce que la méthode n'est pas appliquée ?

*Réponse de Philippe*

Oui. Et elle n'est pas appliquée parce que nous avons intégré plein de nouvelles personnes sans les former assez ...

o Parce que la méthode n'est pas reconnue
de tous ?

*Réponse de Philippe*

Aussi. Comme des incompréhensions
émergent, c'est la méthode qui est
mauvaise ! D'après eux ...

*Marc*

o Parce que la méthode ne prévoit pas le
cas qui se présente ?

o Parce que ce n'est pas un problème de
méthode de gouvernance ?

*Réponse de Philippe*

Pas uniquement, c'est aussi une différence
de stratégie et peut-être de vision pour
certains.

Questions subsidiaires :

- Les méthodes de gouvernance dans une organisation ou dans une société sont-elles vraiment si cruciales que cela dans la réussite d'un collectif ?



Je crois que leur importance va bien au-delà ! Et pas par rapport à la seule réussite d'un collectif : Bien des collectifs ou organisations avec une gouvernance classique vivent, perdurent et performent !

Ce que prétend une gouvernance partagée (et pas qu'holacratique), c'est d'abolir les rapports de domination.

Et ma croyance (je n'ai rien inventé, je partage ça avec d'autres !) c'est que ce sont les rapports de domination qui sont à l'origine de la plupart de nos problèmes actuels : domination de l'homme sur la nature, domination de l'homme sur les autres hommes, domination de l'homme sur la femme ...

- N'est-il pas surtout important que les membres dudit collectif s'identifient à la méthode choisie ?

Réponse de Philippe

Que veux-tu dire ?

Marc

Rien de plus que ce que tu écris toi-même.

« Bien des collectifs ou organisations avec une gouvernance classique vivent, perdurent et performent ! ». Je pense qu'une des raisons de cela est que la plupart des membres de ces collectifs qui réussissent s'y retrouvent dans le mode de gouvernance choisi.

Réponse de Philippe

Et moi, je crois que ça ne suffit pas. Car ce sont les performances des organisations passées et actuelles qui nous ont conduits où nous en sommes aujourd'hui : destruction des éco-systèmes, pollution à outrance de tout et hyper concentration des richesses et des pouvoirs ...

Je crois que les rapports de domination sont au cœur, peut-être de la « réussite » fulgurante de l'humain, mais aussi des menaces imminentes de son implosion.

Si nous retournons dans une gouvernance plus classique (et c'est effectivement un sujet qui pourrait bien faire débat prochainement) ça pourrait être une raison pour moi pour aller voir ailleurs ... ☺

Marc

En résumé, la croyance dont j'essaie de vous faire part dans ce chapitre un peu fouillis est la suivante :

La santé d'un groupe social réside, au moins en partie, dans la capacité de ses membres

- À délivrer en son sein des messages qui le servent
- À réduire drastiquement la délivrance des messages qui le tuent

Les méthodes de gouvernance doivent bien-sûr pouvoir jouer un rôle dans l'atteinte de cet objectif. Mais l'expérience qui se déroule sous nos yeux en ce moment à l'Euroasis pourrait laisser penser que ce n'est pas suffisant.

Alors quoi faire de plus ? Je ne le sais pas.

Mais il y a là encore une piste à explorer.

# Grumbeere, Hartäpfel ou

# Kartoffeln ? That is the question[36]

*Thierry, le 29 octobre 2019*

Bonté divine ... j'étais à mille lieux de croire que c'était aussi compliqué que de se remettre en tribu ... Peut-être qu'en se foutant un os dans le nez et une plume dans le cul, nous trouverons l'inspiration, ou la clef du comment vivre ensemble.

Je suis dépassé par vos échanges.

Je propose que vous planchiez sur les modes de gouvernance, et moi, sur le mode plantage de patates ... Il me faut du ... terre-à-terre ...

C'est déjà un travail d'équipe. Et l'un ne va pas sans l'autre. Car si nous avons des patates et si les uns veulent faire un hachis Parmentier et les autres un gratin dauphinois, ça va pas le faire ... Et si nous n'avons pas de patates et passons nos journées à nous faire des

---

[36] Problème alsacien sur lequel repose probablement l'avenir de l'humanité.

papouilles tellement nous nous sentons bien ensemble, ça va pas le faire non plus ... et ça va finir en osso buco.

Je pense que l'avenir sera fait de contraintes. D'énormes contraintes. Plus on arrivera à encaisser ces contraintes, et plus on aura de chances de poursuivre notre route ... Les manières de vivre ensemble sont bien-sûr très importantes. Mais faut pas oublier les objectifs. Nous voulons bouffer. Le gratin nous nourrira autant que le hachis. Ne perdons donc pas trop d'énergie à revendiquer l'un ou l'autre.

Bande de patates ... dont certaines en robe de chambre !


PS : Oui, je parle de la convention citoyenne à tout va ... Même résultat que lorsque je parlais de vraie démocratie, tirage au sort, constitution écrite par le peuple etc ... Les gens n'écoutent pas. C'est bon signe, donc je continue !